Die inoffizielle Sammlung

Erstaunliche Fakten rund um die berühmte Videospielreihe für kleine & große Fans.

Edgar Rommel

© 2022 Nucleo
Edition 1.0.1B

Autor:
Edgar Rommel

Verlag:
Nucleo – ein Label der
my dna media GmbH
Ohmstr. 53
60486 Frankfurt am Main

ISBN:
978-3-98561-032-7

Druck:
Libri Plureos GmbH
Friedensallee 273
22763 Hamburg

Dieses Buch ist kein offizielles Lizenzprodukt und steht in keiner Verbindung zu The Pokémon Company, Nintendo Co., Ltd., Game Freak Co., Ltd., Creatures Inc. oder irgendeinem anderen Pokémon-Rechteinhaber.

Dieses Werk, einschließlich seiner Teile, ist urheberrechtlich geschützt. Jede Verwertung ohne Zustimmung des Verlages und des Autors ist unzulässig. Dies gilt insbesondere für die elektronische oder sonstige Vervielfältigung, Übersetzung, Verbreitung und öffentliche Zugänglichmachung.

Alle Angaben ohne Gewähr.

NUCLEO

Fragen, Anregungen, Feedback?

Schreibe uns an **info@nucleo-verlag.de** oder besuche uns im Web auf **nucleo-verlag.de**

Hey Trainer,

vermutlich kennst du alle Pokémon schon in- und auswendig. Kein Wunder, schließlich nimmt der Hype rund um die kleinen und großen Monster nach über 25 Jahren immer noch kein Ende. Längst ist Pokémon Kult und begeistert immer wieder aufs Neue alteingesessene Fans und junge Trainer. In dieser Sammlung an unnützem Wissen wirst du auf allerlei Kurioses rund um Pokémon stoßen, das du bestimmt noch nicht wusstest.

Abseits von Kämpfen und Fangen macht Pokémon auch in anderen Bereichen ordentlich von sich reden. Die spannendsten, lustigsten und erstaunlichsten Fakten rund um Pokémon erwarten dich auf den folgenden Seiten. Mal wirst du erstaunt sein, mal verblüfft.

Über den Zeitraum von mehr als einem Vierteljahrhundert Pokémon-Geschichte präsentiert dir dieses Buch die unglaublichsten Fakten über die Taschenmonster. Sofern nichts anders angegeben, beträgt der Aktualitätsstand September 2022.

Und nun viel Spaß beim „Fangen" der kuriosen Fakten.

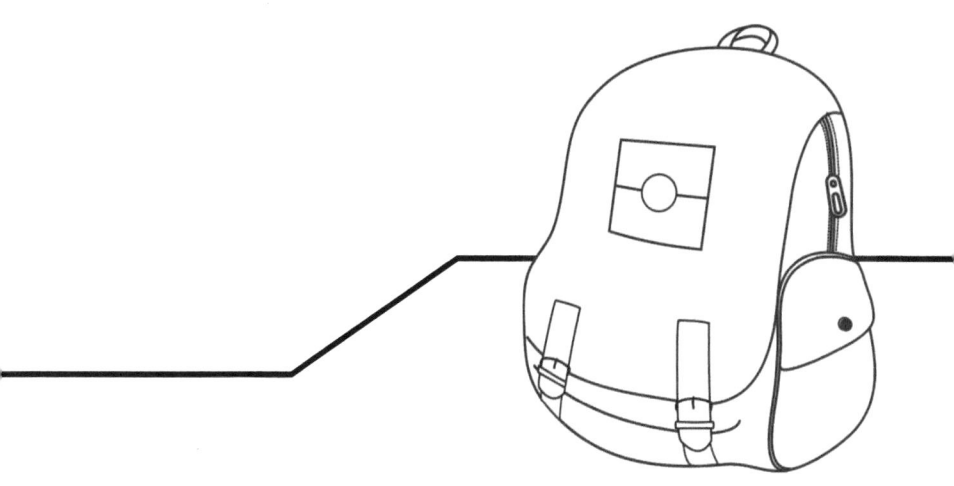

Das erste jemals entworfene Pokémon ist Rizeros.

Zu seiner Würdigung finden sich in den meisten Spielen am Eingang der Arenen Statuen, die dem Nashorn-Monster nachempfunden sind.

Das Abenteuer beginnt

Am 27. Februar 1996 wurde ein Meilenstein der Reihe gelegt, als in Japan mit *Pocket Monsters: Aka & Midori* (deutsch: *Taschenmonster: Rot & Grün*) die ersten Pokémon-Spiele für den Game Boy erschienen. Bereits ein halbes Jahr später erschien in Japan mit *Pocket Monsters: Ao* (*Taschenmonster: Blau*) eine überarbeitete Version mit verbesserten Sounds und Grafiken sowie einigen Fehlerbehebungen. Auf dieser aktualisierten Version beruhen die Editionen der ersten Generation *Pokémon Rot & Blau*, die im Herbst 1999 ihren Weg nach Europa fanden. Übrigens: Um westliche Spieler besonders anzusprechen, entschied man sich für die Editions-Farben Rot und Blau, da dies die dominanten Farben in der US-amerikanischen Flagge sind.

„Städte-Partnerschaft"

Die Orte in der Pokémon-Welt basieren auf Orten der echten Welt. Die Kanto-Region beispielsweise ist der gleichnamigen japanischen Region rund um die Hauptstadt Tokio nachempfunden. Sogar einzelne Städte haben ein Vorbild, wie an Teak City deutlich wird: Ihre Vorlage ist die alte japanische Hauptstadt Kyoto, die für ihre historischen Gebäude bekannt ist. Auch Orte außerhalb Japans dienten bereits als Grundlage für Regionen. Ein Beispiel dafür ist die Kalos-Region, die sich an Frankreich orientiert.

Kapseln statt Bälle

Monster aus dem Automaten – so lässt sich das erste Konzept aus dem Jahr 1990, aus dem schließlich Pokémon werden sollte, wohl am besten beschreiben. Automaten, die nach Münzeinwurf Kapseln mit Spielzeugen darin ausgeben, sind in Japan weitverbreitet. Diese „Gashapon" oder auch „Gatcha" genannten Kapsel-Maschinen waren die Anfangsidee für die Pokébälle. Doch bevor sich die Taschenmonster darin wiederfanden, wurden sie von ihrem Erfinder Satoshi Tajiri als „Capsule Monsters" bezeichnet.

Eine weitere Inspirationsquelle war die japanische Serie *Ultraman*, in der der namensgebende Held mit sogenannten „Capsule Kaiju" seine Widersacher bekämpft. „Kaiju" ist der japanische Begriff für Ungeheuer wie *Godzilla* oder *King Kong*. In der *Ultraman*-Serie können diese aus Kapseln beschworen werden.

Aufgrund rechtlicher Probleme entschied Tajiri sich wohl zu einer Umbenennung, zunächst noch zu „CapuMon". Letztlich zogen die Sammelwesen jedoch aus den Kapseln in die Hosentaschen, als sie in *Pocket Monsters* – Taschenmonster – oder abgekürzt eben *Pokémon* umbenannt wurden.

kurz & knapp

Für die ersten Spiele *Pokémon Rot & Grün* wurden zunächst über 300 Monster designt. In die finale Version schafften es zunächst nur 151 Pokémon, obwohl einige Designs ihren Weg doch noch in nachfolgende Generationen fanden.

Das Team-Rocket-Trio geht regelmäßig undercover, um Ash und seine Freunde zu überrumpeln. Mauzi tarnt sich dabei am häufigsten als das Sonnenblumen-Pokémon Sonnflora: Insgesamt siebenmal hat es sich bereits für diese Tarnung entschieden.

Ganze 87,5 Prozent aller Wadribie sind männlich und können sich daher nie entwickeln, denn dieses Privileg bleibt weiblichen Exemplaren vorbehalten. Weibliche Wadribie sind am roten Merkmal der unteren Honigwabe zu erkennen.

Le Taschenmonster

Französische Fabelwesen? Das dürfte sich der ein oder andere Elternteil gedacht haben, als er den Namen Pokémon das erste Mal gelesen hatte. Woher stammt der kleine Strich über dem E denn sonst? Da sich der Begriff aus der Zusammensetzung von „Pocket" und „Monsters" ergibt, stieß man bei der Abkürzung auf ein Problem. Im englischen Sprachraum würde „Pokemon" als „Poke-Mon" – mit stummem E – gelesen werden. Dies würde den Sinn in „Stups-Monster" verfälschen (englisch: „to poke" – „stupsen"). Daher bediente man sich einfach eines Akut-Akzentzeichens über dem E, um diesen Buchstaben als betont zu markieren. Und so entstand die Bezeichnung Pokémon und die Monster blieben in ihren Taschen. Interessanterweise wird dieser Akut im Englischen für gewöhnlich nur bei Fremdwörtern benutzt, doch sowohl „Pocket" als auch „Monsters" sind englische Worte.

Wo bin ich?

Basierend auf dem Namen der Pokémon-Liga der ersten Editionen, dem Indigo Plateau, gingen einige Fans davon aus, die Spielwelt wäre danach benannt. In den Spielen wurde an keiner Stelle erwähnt, dass die Region Kanto heißt. Nur in der japanischen Version gibt es zu Beginn des Abenteuers im Haus des Rivalen eine Karte, die die Region als Kanto bezeichnet.

Vom Fan-Projekt zum eigenen Entwicklerstudio

Bevor Satoshi Tajiri gemeinsam mit seinen Freunden das Entwicklerstudio Game Freak offiziell gründete und Videospiele produzierte, stand der Name Game Freak noch für ein ganz anderes Projekt. Unter diesem Titel gründete die Freundesgruppe zunächst ein Gaming-Magazin, das seit 1983 über Videospiele berichtete. Die Abbildungen im *Game-Freak*-Magazin stammten von Ken Sugimori, der später für die ersten Pokémon-Designs verantwortlich war. Anfangs noch gänzlich per Hand verfasst, wurden die Ausgaben bald professionell gedruckt und für 300 Yen (circa 2,30 Euro) verkauft.

Das Thema Videospiele begeisterte Tajiri jedoch so sehr, dass er sich selbst das Programmieren beibrachte und 1987 mit *Quinty* sein erstes Spiel fertigstellte. Zwei Jahre später gründete der Pokémon-Urvater dann Game Freak offiziell als Gaming-Entwicklerstudio, das nichts mehr mit Videospiel-Magazinen zu tun hatte. Es folgten Auftragsarbeiten für die japanischen Unternehmen Sega und Nintendo. Die Idee zu Pokémon sollte erst später geboren werden.

Sammelwahn

Immer noch unglaublich: Auch über 25 Jahre nach der Geburtsstunde der Marke verzeichnet Pokémon unfassbare Zahlen. Bislang wurde der Anime in 192 Ländern weltweit ausgestrahlt. Alle Videospiele des Franchises zusammengerechnet haben sich über 440 Millionen Mal verkauft. Doch damit nicht genug: Über 43 Milliarden Pokémon-Sammelkarten wurden bis dato produziert.

Das kleine Krabbeln

Zwei Kinder, zwei Game Boys, ein Link Kabel – als Pokémon-Erfinder Satoshi Tajiri diese Szene im Frühjahr 1990 beobachtete, lief seine Fantasie auf Hochtouren. Der Spieleentwickler stellte sich vor, wie Insekten durch das Kabel der tragbaren Videospielkonsole wandern würden. So kam Tajiri, der in seiner Kindheit leidenschaftlich in der Wildnis Käfer sammelte, auf die Idee zu Pokémon. Mit diesem Geistesblitz trat er an den Game-Boy-Entwickler Nintendo heran. Die Verantwortlichen dort konnten sich unter dem Konzept zunächst wenig vorstellen. Sie finanzierten Tajiri und sein Studio Game Freak aber dennoch. Außerdem wurde zusätzlich Unterstützung durch das Entwicklerstudio Creatures, Inc. und durch niemand Geringeren als *Super-Mario*- und *Zelda*-Erfinder Shigeru Miyamoto zugesichert.

kurz & knapp

Professor Eichs Forschungen müssen ziemlich gut laufen: Wie er im Pokémon-Manga verrät, unterhält er neben seinem Labor in Alabastia eine zusätzliche Forschungseinrichtung in Rosalia City in der Johto-Region.

Nicht gleich den Kopf verlieren! Porygon-Z und die Ultrabestie Kopplosio sind die einzigen beiden der über 900 Pokémon, deren Kopf und Körper nicht miteinander verbunden sind.

Von Misty über Maike und Lucia – Ashs weibliche Begleitung wurde im Laufe seiner Abenteuer mehr als einmal abgelöst. In einem Interview sagte der ehemalige leitende Regisseur und Storyboard-Artist des Animes Masamitsu Hidaka scherzhaft, dass die Jungs so gelegentlich einen neuen „Augenschmaus" bekommen würden.

Zuckerbrot und Peitsche

Trainer und Pokémon haben ein freundschaftliches Verhältnis, doch in frühen Konzepten war die Beziehung noch eher angespannt. Ursprünglich sollten Trainer Ränge innehaben. Diese würden – ähnlich wie bei Kampfsportarten – durch unterschiedlich gefärbte Gürtel symbolisiert werden. Diese Gürtel sollten gleichzeitig als Peitschen fungieren, mit denen Trainer ihre Taschenmonster dressierten. Letztlich wurde diese Idee jedoch verworfen und die Gürtel durch Orden ausgetauscht. Die Entwickler bei Game Freak wählten einen „tierfreundlichen" Ansatz. Einige Trainergrafiken der ersten Generation halten dennoch Peitschen in der Hand, wie beispielsweise Team Rocket Rüpel oder die Arenaleiterin Sabrina.

Einen Schritt voraus

Nicht an erster Stelle? Das dürfte sich der Starter der fünften Generation, Serpifeu, bei einem Blick auf den regionalen Pokédex gefragt haben. Normalerweise stehen die *Pflanzen*-Starter an erster Stelle im Pokédex ihrer jeweiligen Region. Zwar wird Serpifeu in Einall als Nummer #001 gelistet, doch vor ihm steht das mysteriöse Pokémon Victini mit der Nummer #000 – das macht es zum einzigen Monster mit dieser Nummer und zum einzigen Pokémon, das vor den Startern gelistet wird.

Bling Bling

Unter den unterschiedlichen Formen, in denen Pokémon auftauchen können, ist die schillernde eine besonders begehrte. Diese – auch gerne als Shiny bezeichnete Form – zeichnet sich dadurch aus, dass das Taschenmonster eine ungewöhnliche Farbvariation aufweist und beim Entlassen aus dem Pokéball funkelt. Aufgrund der Einschränkungen des Game Boys wurden Shinys erst mit der zweiten Generation eingeführt, die extra für das bunte Display des Game Boy Colors farbig optimiert wurde. Damals war eins von 8192 Pokémon schillernd, doch seit der sechsten Generation wurde die Rate auf eins von 4096 halbiert. Sogenannte Shiny-Hunter suchen immer neue Methoden, um die Wahrscheinlichkeit für einen seltenen Fund zu erhöhen. Mit 1/99 ist die Chain-Methode mithilfe des Pokéradars die momentan vielversprechendste.

Pokémon in Bildern

Der Autor Hidenori Kusaka ist seit Beginn der Reihe verantwortlich für die Handlung des Pokémon-Mangas *Die ersten Abenteuer*. Gezeichnet wurden die ersten neun Ausgaben von der Illustratorin Mato. Nach einer Krankheit war sie jedoch nicht mehr in der Lage, ihrer Arbeit nachzugehen. Ihr Nachfolger wurde Satoshi Yamamoto.

Ungewöhnliche Namen

Nicht Ash Ketchum? Ganz genau, die Spielfigur der ersten Pokémon-Edition hat zwar Ähnlichkeiten mit dem Protagonisten des Animes, doch sein Name lautet anders. Ungewöhnlich sogar, denn die Figur ist unter dem Namen „Rot" bekannt. Angelehnt an die Farben der Editionen der ersten Generation, nennt sich der Rivale laut offiziellem Kanon „Blau". Während man in der ersten Generation noch als „Rot" aus Alabastia spielt, tritt der Charakter „Rot" in den Spielen der zweiten Generation *Pokémon Gold, Silber & Kristall* und deren Neuauflagen als finaler Gegner auf. Auch in anderen Games der Pokémon-Reihe hat „Rot", ebenso wie sein Widersacher „Blau", immer wieder Auftritte. Im Anime *Pokémon Origins*, dessen Handlung sich nah an den Spielen der Kanto-Region orientiert, sind „Rot" und „Blau" ebenfalls als Protagonist und Antagonist zu sehen. Und auch der Manga erzählt die Abenteuer der beiden.

Mal so, mal so

Einige Pokémon können sich in mehr als ein weiteres Monster entwickeln. Ein gutes Beispiel dafür ist die Raupe Waumpel, die sich je nach Persönlichkeitswert zu einem Schaloko oder zu einem Panekon entfaltet. Rekordhalter ist jedoch das beliebte Evoli: Es weist ganze acht Zweigentwicklungen auf.

Beruhigendes Umfeld

Pokémon, die mit einem Pokéball gefangen worden sind, werden durch diesen gezähmt und sind daher – im wahrsten Sinne des Wortes – nicht mehr wild. Abgesehen von dem pragmatischen Grund, mehrere seiner Begleiter auf einmal bei sich tragen zu können, diente die Erfindung des Pokéballs auch dem Schutz der Trainer. So mussten diese keine ernsthaften Verletzungen von ihren Taschenmonstern mehr fürchten. Ein Pokémon, das wohl hauptverantwortlich für die Entwicklung des Pokéballs war, ist das Schwein-Affe-Monster Rasaff. Sein wildes Gemüt stellte eine solche Gefahr für Trainer dar, dass erst die technische Erfindung eines zähmenden Balls ein Zusammenleben möglich machte.

Psst!

Im N64-Spiel *Hey You, Pikachu!* kann der Spieler der kleinen Elektromaus Kommandos per Mikrofon-Controller zurufen. Im Internet hat sich rasch das Gerücht verbreitet, Pikachu würde böse werden, wenn man PlayStation oder Sony sagt – Nintendos ärgste Konkurrenz zur Zeit der Veröffentlichung des Spiels. Tatsächlich versteht Pikachu etwa 200 Worte, doch weder PlayStation noch Sony ruft eine Reaktion hervor. Böse reagiert Pikachu aber, wenn man es eine „elektrische Ratte" nennt.

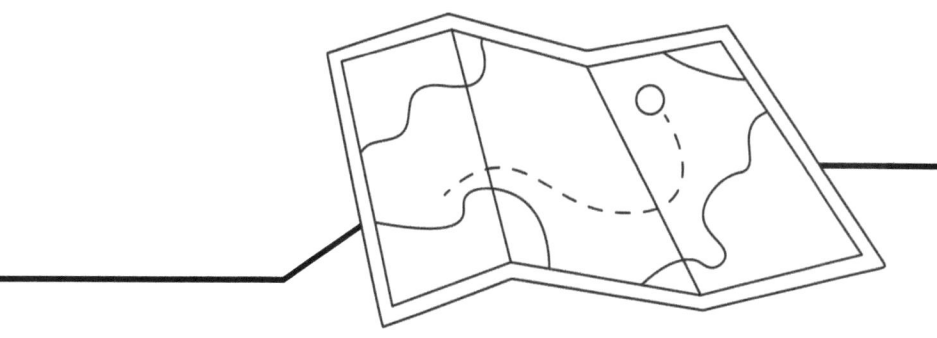

Die Städtenamen einer jeden Region folgen stets einem bestimmten Muster.

In der Kanto-Region der ersten Generation sind alle Orte nach Farben benannt, in Kalos sind Gerüche und Aromen das namensgebende Thema.

Besonders besonders

Jedes Pokémon hat eine schillernde Form, doch nicht jedes Shiny ist so einfach zu haben. Besonders einige Event-Monster gibt es nicht in schillernder Variante – außer durch Cheats. Bekannte Vertreter, die nicht als Shinys auftreten, sind die Partner-Pokémon aus den Switch-Spielen *Let's Go Evoli & Pikachu*.

Nicht mehr mein Typ

Stein, Schere, Papier: Nach diesem Prinzip laufen die Kämpfe im Pokémon-Universum ab. Bestimmte Typen haben Vor- oder Nachteile gegenüber anderen. *Pflanze* schlägt *Wasser* schlägt *Feuer* schlägt *Pflanze*. Zum Ausgleich einiger übermächtigen Typen wurden im Laufe der Zeit neue Arten eingeführt. So stießen in Generation zwei *Stahl* und *Unlicht* hinzu, um *Psycho* auszubalancieren. In Generation sechs kam schließlich der Typ *Fee* hinzu, wodurch *Drache* abgeschwächt werden sollte. Somit gibt es seither insgesamt 18 Typen. Bei der Einführung neuer Arten wurden einige ältere Pokémon übrigens angepasst. So erhielt beispielsweise ab der zweiten Generation das schwebende Schrauben-Monster Magnetilo zusätzlich zu seiner ersten Art *Elektro* noch den Typ *Stahl*. In einigen Fällen wurden Typen sogar ganz ausgetauscht, so wie in der sechsten Generation bei Piepi, das gänzlich von *Normal* zu *Fee* wechselte.

Komm und schnapp' sie dir!

„Schnapp' sie dir alle!" Dieser Spruch dürfte Fans der ersten Stunde bekannt vorkommen. Bis etwa 2003 war dieser Ausruf der offizielle Slogan der Pokémon-Marke. Ab der dritten Generation der Spiele, also mit den Editionen *Rubin & Saphir*, verschwand dieser jedoch von den Spielverpackungen und wurde durch den Versionsnamen ersetzt.

Ursache für den Verzicht des Slogans war vermutlich die schiere Menge an Taschenmonstern. Deren Anzahl ist mit der Veröffentlichung der dritten Generation auf stattliche 386 gestiegen. Da diese außerdem nicht mit den Vorgängern kompatibel sind, lassen sich auf offiziellem Wege nicht mehr alle Pokémon in einer einzigen Edition sammeln. Doch auch die Kritik an dem Spruch, der angeblich zum Kauf aller Pokémon-Produkte animieren würde, könnte ein Grund für den Verzicht auf den Slogan gewesen sein. Mit der Veröffentlichung von *Pokémon X & Y* im Jahr 2013 wurde der Spruch „Schnapp' sie dir alle!" zwar wieder als Motto der Marke aufgenommen, auf den Spielcovern taucht er trotzdem nicht mehr auf.

Andere Länder, neue Formen

Einige Pokémon haben unterschiedliche Formen, je nachdem aus welcher Region sie stammen. Diese regionalen Formen können andere Typen aufweisen als bislang bekannte Arten eines Taschenmonsters. Dieses Merkmal wurde bereits in frühen Episoden des Pokémon-Animes eingeführt, als Ash und seine Freunde auf der Valencia Insel landen. Dort erforscht Professor Ivy besondere Arten bisher bekannter Taschenmonster. In den Spielen wurden diese Regionalformen mit der siebten Generation eingeführt – 17 Jahre nach der Anime-Version. Seither gibt es über 50 verschiedene Pokémon, die eine regionale Form besitzen. Mauzi ist dabei das Einzige, welches sogar zwei regionale Formen besitzt: Alola-Mauzi und Galar-Mauzi. Letzteres kann sich statt in ein Snobilikat sogar in ein ganz anderes Wesen weiterentwickeln: die Wikinger-Katze vom Typ *Stahl*, Mauzinger.

Trügerische Erinnerung?

Mauzi behauptet immer wieder, einst Giovannis Schmusekatze gewesen zu sein. Offenbar war er jedoch nicht mehr als sein Diener. Nachdem er eines Tages aus Versehen Giovannis Kaffee verschüttet hatte, wurde er zu Jessie und James versetzt und komplettiert seither das Team-Rocket-Trio.

kurz & knapp

Mit *Pokémon Platin* erschien im Frühjahr 2009 eine Edition der Hauptreihe einzeln. Es dauerte fast 13 Jahre, ehe mit *Pokémon Legenden: Arceus* wieder ein Spiel der Hauptreihe einzeln veröffentlicht wurde.

Obwohl Mew als Mewtus Vorgänger gilt, kommt es im nationalen Pokédex eine Stelle später: Mew hat die Nummer 151.

Wer sein Iscalar weiterentwickeln möchte, der muss sein Nintendo-3DS-Gerät auf den Kopf stellen, während sein Monster Level 30 erreicht – andernfalls entwickelt sich der kleine Kalmar nicht zu Calamanero weiter.

Der volle Name des Pokédex-Entwicklers lautet Professor Samuel Eich.

Falsche Fakten

Dass der Pokémon-Erfinder Satoshi Tajiri Autismus haben soll, sehen viele als bewiesenen Fakt an. Doch stimmt das überhaupt? Die Behauptung stammt aus der 2009 erschienenen Biografie „Satoshi Tajiri, Pokémon Creator" von Lori Mortensen. Die Autorin nutzte eine MySpace-Seite als Quelle, die angeblich von Tajiri stammte und Referenzen zur Autismus-Community aufwies. So schlussfolgerte Mortensen ganz einfach: Satoshi Tajiri ist Autist. Dass die Seite nicht offiziell gewesen sein könnte, kam der Autorin nicht in den Sinn. Die Behauptung wurde in den Folgejahren als Fakt aufgefasst – renommierte Medienseiten und Tajiris Wikipedia-Artikel beschrieben seinen angeblichen Autismus. Letztlich kontaktierte ein Informations-Koordinator aus Tajiris Firma Game Freak eine dieser Seiten und widerlegte die Behauptung. Satoshi Tajiri hat nirgendwo jemals erwähnt, Autismus zu haben.

Buh!

Kein anderer Typ ist so besonders: *Geist* ist der einzige Typ, der gegen gleich zwei Typen immun ist. *Normal-* und *Kampf-*Attacken treffen nur ins Leere. Interessanterweise können *Geist*-Attacken jedoch auch Taschenmonstern vom Typ *Normal* nichts anhaben. Somit besteht eine einzigartige gegenseitige Resistenz.

Tiere sorgen für Logikfehler

Tiere der echten Welt werden immer wieder in der Welt der Taschenmonster thematisiert. Einige Pokédex-Einträge erwähnen Insekten, Elefanten oder sogar Dinosaurier. Und auch Pikachu wird regelmäßig als Elektromaus betitelt – ein Hinweis darauf, dass auch echte Tiere mit in der Pokémon-Welt existieren? Der ehemalige Chefautor des Animes, Takeshi Shudo, hat eine andere Erklärung. Demnach sind echte Tiere im Pokémon-Universum seit Jahren ausgestorben. Dass gerade in frühen Episoden des Animes gelegentlich Tiere auftreten, sei der Unaufmerksamkeit des Animationsteams geschuldet und ein Logikfehler.

Zeit zum Shoppen

In Japan gibt es Pokémon Center wirklich! Merchandise-Läden, in denen Fans verschiedenste Pokémon-Artikel kaufen können: Von Plüschtieren über Klamotten, hier findet jeder etwas. Im Pokémon Center Tokyo DX, dem größten Store Japans, gibt es sogar zusätzlich das Pokémon Café. Wer schon immer mal Milchshakes und Sandwiches im Dasein von Pikachu und Co. genießen wollte, dessen Traum wird hier wahr. Vorausgesetzt man reserviert früh genug, am besten bereits einen Monat vorher.

Mal kurz weg

Ash Ketchum, Protagonist des Pokémon-Animes, wuchs bei seiner alleinerziehenden Mutter auf. An einigen Stellen wird sein Vater erwähnt, doch es gibt nur wenige Informationen über ihn. So soll er ebenso wie Ash ein Trainer sein, der sein Abenteuer in Alabastia begonnen hat. Außerdem soll er noch am Leben sein. Der Roman, der Ende der 1990er-Jahre begleitend zum Anime in Japan erschien und von dessen verantwortlichen Story-Autor Takeshi Shudo verfasst wurde, hält auch ein paar Informationen parat. Ashs Vater soll direkt nach Ashs Geburt sein eigenes Abenteuer als Pokémon-Trainer begonnen haben und seitdem nicht zurückgekehrt sein – wahrscheinlich aus Scham, da er als Trainer wohl nichts erreicht hat.

Von A bis Z bis !

Ein Pokémon, doch so viele unterschiedliche Formen: Icognito tritt in Gestalt von Buchstaben mit je einem Auge auf. Auch eine Ausrufe- und Fragezeichen-Form wurden bereits entdeckt, sodass 28 unterschiedliche Icognito bekannt sind. Offenbar forscht Professor Eich aber auch an weiteren Varianten: Im dritten Pokémon-Film sind auf seinem PC Bilder von Icognito zu sehen, die in Gestalt anderer Alphabete wie dem griechischen oder kyrillischen auftreten.

Als die Welt durchdrehte

Im Juli 2016 trieb ein Hype sondergleichen Fans sowie Interessierte massenweise ins Freie. Der Grund: Die Augmented-Reality-App *Pokémon GO* wurde veröffentlicht. Schon im August 2016, nur einen Monat nach Release, waren fünf Guinness-Weltrekorde gebrochen:

1. Den höchsten generierten Umsatz eines Mobile-Spiels innerhalb des ersten Monats nach Erscheinen mit 206,5 Millionen US-Dollar.

2. Das meist heruntergeladene Mobile-Game in seinem ersten Monat mit 130 Millionen Downloads.

3. + 4. Die Einnahme der Spitzenposition der Mobile-Game-Downloadcharts in den meisten Ländern gleichzeitig (70 Länder) innerhalb des ersten Monats nach Release gemessen an Downloadzahlen und gemessen an dem generierten Umsatz (in 55 Ländern).

5. Das Mobile-Spiel, das am schnellsten 100 Millionen US-Dollar generierte (*Pokémon GO* benötigte dafür gerade einmal 20 Tage).

Besonders bemerkenswert sind diese Rekorde vor dem Hintergrund, dass *Pokémon GO* in wichtigen Märkten wie Deutschland oder Japan erst später erschien.

kurz & knapp

Mit einigen neuen Generationen hat das beliebte Monster Evoli auch neue Entwicklungen dazubekommen. Mit Generation sechs wurde nur Feelinara eingeführt, das somit die bislang einzige Evoli-Evolution ist, die nicht mit einer alternativen Entwicklungsform ihren Weg in das *Pokémon*-Universum fand.

Kaum ein Pokémon ist so lahm und schwer von Begriff wie ein Flegmon. Vielleicht ist das auch der Grund, warum es im Anime zwar zahlreiche Auftritte hatte, aber ein Flegmon bislang in keiner Episode eine Attacke ausführte.

So erfolgreich und doch so schüchtern – Pikachus Erfinderin Atsuko Nishida steht ungern im Rampenlicht. So versteckte sie beispielsweise in allen Bildaufnahmen eines offiziellen Interviews aus dem Jahre 2018 ihr Gesicht hinter einem Plüsch-Pikachu.

Super Smash Pokémon Bros.?

Pikachu! Donnerblitz! Auf Mario? Solch ein ungleicher Kampf ist seit *Super Smash Bros.* nichts Ungewöhnliches. Spieler weltweit staunten nicht schlecht, als 1999 Nintendos unkonventionelles Kampfspiel für die N64-Konsole erschien. Unter den zwölf spielbaren Charakteren sind sogar zwei Pokémon vertreten – Pikachu und Pummeluff. Außerdem enthalten: Das Dach der Silph Co. als Kampf-Schauplatz und über ein Dutzend Pokémon, die per Pokéball-Item Unterstützung leisten können. Erstmals konnten also Pokémon nicht nur gegeneinander kämpfen.

Süße Rache

Im Anime malt das Ballon-Pokémon Pummeluff anderen Personen schon mal gerne Dinge ins Gesicht, aber warum nur? Pummeluff liebt es zu singen, wäre da nicht ein großer Nachteil: Der Gesang schläfert Gegner und Zuhörer ein. Dies ärgert Pummeluff jedoch so sehr, dass es die Gesichter der Schlafmützen mit einem Filzstift bekritzelt. Denn praktischerweise ist Pummeluffs Mikrofon auch ein Malstift.

Pokémon aus der Urzeit

Ein Pokémon-Fossil in der echten Welt? Diese Meldung ging im Januar 2017 um den Globus, als Paläontologen ihre Funde von 260 Millionen Jahre alten Fossilien publik machten. Sie entdeckten eine neue Art von Urzeittier, die sie „Bulbasaurus phylloxyron" nannten. Bulbasaurus? Pokémon-Experten horchen bei diesem Namen auf, denn Bisasams englische Bezeichnung lautet Bulbasaur.

Gibt es da also einen Zusammenhang? Zumindest nicht direkt. Die zuständigen Paläontologen wiesen darauf hin, dass Fossilfunde meist nach ihren auffallenden Merkmalen benannt werden. So soll der Bulbasaurus seine Bezeichnung seiner knollenartigen Nase zu verdanken haben (englisch: „bulbous" – „knollenartig"). Doch die Wissenschaftler gaben auch amüsiert zu, dass Ähnlichkeiten zu gewissen anderen Spezies nicht gänzlich zufällig sein könnten. So gehöre der Bulbasaurus beispielsweise der Gattung „phylloxyron" an, was die Wissenschaftler mit „leaf razor" (zu Deutsch etwa „Blattrasierer") übersetzten. Im Englischen ist „leaf razor" jedoch auch die Bezeichnung für die Attacke Rasierblatt – eines von Bisasams Markenzeichen. Ganz schön viele Zufälle auf einmal …

Spiegelverkehrt

Wo ist vorn' und wo ist hinten? Bei Schlangen lässt sich das nicht immer auf den ersten Blick sagen. Wer den Namen des Schlangen-Pokémon Rettan genauer betrachtet, dem fällt auf: Von hinten gelesen ergibt sich das Wort „Natter". Auch seine Weiterentwicklung Arbok weist dieses Merkmal auf, andersherum gelesen kommt „Kobra" heraus.

Mit eigentlich guter Absicht

Mittlerweile lebt Mr. Fuji in Lavandia und kümmert sich um verwaiste und verlassene Pokémon, doch seine Vergangenheit zeigt eine andere Facette von ihm auf. Was nicht viele über ihn wissen: Früher lebte Dr. Fuji auf der Zinnoberinsel, wo er gemeinsam mit dem Arenaleiter Pyro an Pokémon forschte. Das berüchtigte Team Rocket beauftragte ihn damit, einen Klon des mysteriösen Mew zu erschaffen. Nach zahlreichen missglückten Versuchen gelang es ihm letztlich: Das mächtige Pokémon Mewtu war geboren. Dr. Fuji beteiligte sich jedoch nur an dem Projekt, um von Team Rocket die Mittel zur Verfügung gestellt zu bekommen, mit denen er seine verstorbene Tochter durch einen Klon wiederzubeleben hoffte – was ihm jedoch nicht gelang. Obwohl seine Taten solch immense Auswirkungen auf die Pokémon-Welt hatten, gibt es nur eine einzige Sammelkarte von Mr. Fuji.

Mehr Speicher, mehr Monster

Schon während der Entwicklung der ersten Editionen stieß das Studio Game Freak immer wieder auf Probleme. Die noch relativ unerfahrenen Programmierer hatten vor allem damit zu kämpfen, alle Daten verlustfrei auf ein Game-Boy-Modul zu bringen, weshalb zahlreiche Taschenmonster in der ersten Generation gestrichen werden mussten. Für die Nachfolger *Pokémon Gold*, *Silber* und *Kristall* war die Zielsetzung jedoch noch ambitionierter. Der damalige Präsident von HAL Laboratory und spätere Präsident von Nintendo, Satoru Iwata, bemerkte die Probleme bei Game Freak und bot seine Hilfe freiwillig an. Er entwickelte ein Kompressionsprogramm, mit dem nicht nur genügend Speicherplatz für 100 neue Pokémon, sondern auch für eine leicht abgespeckte Kanto-Region samt acht weiteren Arenaleitern geschaffen werden konnte.

Surprised Pikachu

Pokémon kann auch lustig sein, wie Fans immer wieder aufs Neue feststellen. So auch der Tumblr-User „popokko", der im September 2018 einen Ausschnitt aus einer frühen Episode des Pokémon-Animes postete. Auf dem sich im Anschluss rasch verbreitenden Meme ist ein überraschtes Pikachu zu sehen, das seither als Reaktion auf erwartbare Ausgänge herhält. Wer hätte damit gerechnet?

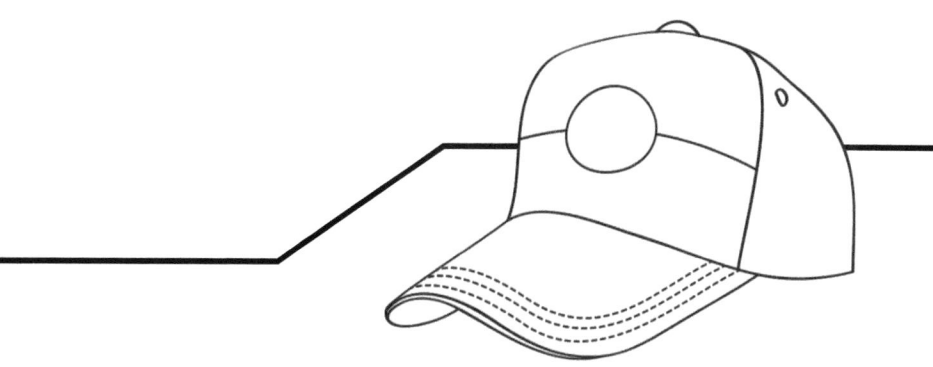

Nicht Micky Maus, nicht Star Wars, nicht Hello Kitty – das erfolgreichste Medien-Franchise der Welt nennt sich Pokémon.

Mit geschätzten über 100 Milliarden US-Dollar Umsatz pro Jahr erzeugt keine andere Unterhaltungsmarke mit ihren zahlreichen Produkten so hohe Einkünfte.

Vom Anime zum Spiel

Fans des Pokémon-Animes waren in Aufruhr, als im Sommer 2000 in Deutschland ein gelbes Modul in den Läden auf sie wartete. Der volle Name des Game-Boy-Spiels lautet hierzulande *Pokémon Gelbe Edition: Special Pikachu Edition* und ist eine überarbeitete Version der Editionen *Rot & Blau*.

Deren Handlung und Welt bleibt im gelben Ableger im Großen und Ganzen bestehen, doch die Grundstruktur wurde an den Anime angepasst. So erhält der Spieler zu Beginn – ganz wie Ash im Anime – ein Pikachu, statt die Wahl zwischen einem Bisasam, Glumanda oder Schiggy zu haben. Dieses Pikachu bleibt nicht in seinem Pokéball und folgt dem Protagonisten lieber zu Fuß. Das berüchtigte Team-Rocket-Trio bestehend aus Jessie, James und Mauzi hat hier ebenso Auftritte wie Officer Rocky und Schwester Joy. Darüber hinaus wurden einige Pokémon grafisch aufgefrischt und technische Fehler ausgemerzt. Seither ist es das einzige Spiel der Hauptreihe, welches sich am Anime orientiert.

Entweder, oder?

Mehrere Spielstände oder doch lieber Spitznamen – was ist wichtiger? Diese Frage mussten sich die Entwickler der ersten Pokémon-Spiele stellen, denn für beides war nicht genügend Speicherplatz auf dem Game-Boy-Modul. Da jedoch die Beziehung zwischen Taschenmonster und Trainer im Vordergrund stehen sollte, waren Individualisierungsoptionen wie Spitznamen essenziell für das Pokémon-Erlebnis – und die Wahl fiel den Entwicklern bei Game Freak nicht schwer.

Firmengeflecht

Viele denken, dass Pokémon ein Produkt von Nintendo sei und der japanische Spielehersteller alle Rechte daran besitze. Dies stimmt so jedoch nicht ganz. Im April 1998 riefen Nintendo, der Pokémon-Entwickler Game Freak und die Lizenzfirma Creatures ein gemeinsames Projekt ins Leben: The Pokémon Company. Anfangs noch zur Verwaltung der Pokémon Stores in Japan angedacht, stellte sich die neue Firma schnell als nützliches Bindeglied zwischen den drei Parteien heraus. Seither kümmert sich The Pokémon Company um alle Angelegenheiten, die die Pokémon-Marke in jeglicher Art und Weise betreffen – egal ob Spiele, Anime oder Merchandise.

Nicht die Strahlen kreuzen

Wird ein Pokémon in einen Pokéball gerufen, entmaterialisiert sich sein Körper. Wird es aus dem Ball herausgerufen, verlässt es seine Energieform und materialisiert sich wieder zu einer physischen Gestalt. Menschen sind dazu nicht in der Lage. Wenn ein Mensch mit dem Strahl eines Pokéballs in Berührung kommt, wird er einfach nur kurz betäubt – mehr aber auch nicht.

Alle mal schön lächeln

Ende der 1990er-Jahre arbeitete das *Super-Smash-Bros.*-Entwicklerstudio HAL Laboratory an einem Fotografie-Spiel für die N64-Konsole. Dass darin einmal die Pokémon auftauchen würden, hatten die Entwickler ursprünglich nicht vorgesehen. Das erste Spielkonzept bot jedoch so wenig Motivation, dass die Entwickler sich dazu entschieden, die beliebten Taschenmonster als Fotomotive einzubauen: Pokémon Snap entstand. Der ursprüngliche Projektname lautete „Jack and the Beanstalk" (deutsch: „Hans und die Bohnenranke") und ist wohl eine Anspielung auf das gleichnamige Märchen.

kurz & knapp

Professor Eichs Partner-Pokémon und gleichzeitig das Taschenmonster, dem er am meisten vertraut, ist Nidorino. Dies erklärt auch, warum meist Nidorino in den Spiele-Intros und Eichs Einführungen zum Spielstart in den in Kanto ansässigen Editionen auftaucht.

Mit stolzen zwölf Zeichen trägt Manguspektor den längsten aller deutschen Pokémon-Namen.

Kein anderes Pokémon ist bei Arenaleitern so beliebt wie Garados. Über die ersten acht Generationen der Spielereihe verteilt, setzen sieben Arenaleiter jeweils ihr Garados ein.

Die Regionen Kanto und Johto sind die einzigen Areale, bei denen eine direkte Verbindung bekannt ist.

Gegensätzliche Extreme

In der Hoenn-Region treiben gleich zwei Verbrecherorganisationen ihr Unwesen. Während Team Magma in den Spielen der dritten Generation die Landflächen vergrößern beziehungsweise das rivalisierende Team Aqua ebendiese Flächen verkleinern möchte, sehen ihre Ziele in den Remakes der sechsten Generation noch etwas radikaler aus. Hier möchte Team Magma die Landflächen vergrößern, damit sich die menschliche Zivilisation weiter ausbreiten kann. Team Aqua hingegen geht sogar einen Schritt weiter: Durch die Vernichtung aller Landmassen soll auch die Menschheit vernichtet und so ein Neuanfang für Pokémon ermöglicht werden.

Rund und heimelig

Ein Pokémon soll sich stets wohlfühlen. Mit dieser Absicht wurde das Innere eines Pokéballs designt. Taschenmonster nehmen bei Gefahr eine kauernde Haltung ein, um sich zu erholen und zu schützen. Daher ist das Innere der Bälle so beschaffen, dass Pokémon am liebsten stets im Pokéball bleiben möchten und sich geschützt fühlen. Doch Ausnahmen bestätigen die Regel: Ashs Pikachu beispielsweise genießt lieber seine Freiheit außerhalb.

Auf der großen Leinwand

Den meisten dürfte *Meisterdetektiv Pikachu* ein Begriff sein, denn der Film schlug zu seiner Veröffentlichung im Mai 2019 hohe Wellen. Doch nicht viele wissen, dass das Kinoabenteuer auf dem gleichnamigen Nintendo-3DS-Spiel basiert. Es erschien ein Jahr vor dem Film. Die Geschichten des Spiels und des Films sind zwar ähnlich, Unterschiede gibt es aber trotzdem. So wird beispielsweise das Schicksal von Pikachus Partner nur im Film aufgeklärt.

Neuer Name gefällig?

In der englischen Testversion der ersten Editionen *Pokémon Rot & Blau* hatten so einige Taschenmonster noch ganz andere Namen als letztlich in der finalen Version. Pummeluff und seine Weiterentwicklung Knuddeluff hießen beispielsweise ursprünglich „Pudding" und „Custard" (deutsch: „Pudding" und „Creme"). Abra und Kadabra hätten fast „Hocus" und „Pocus" geheißen. Doch eine drastische Namensänderung haben die *Gift*-Monster Smogon und Smogmog hinter sich. Ursprünglich sollten sie „Ny" und „La" genannt werden – Abkürzungen für die amerikanischen Metropolen New York und Los Angeles.

kurz & knapp

Pokémon-Erfinder Satoshi Tajiri verbrachte den Großteil seiner Jugend in Arcade-Spielhallen. Dort verzockte er wohl so viel Zeit und Geld, dass ihm ein Arcade-Betreiber einen vollwertigen *Space-Invaders*-Automaten für sein Kinderzimmer schenkte.

Sechs Monate bevor eine Folge des Animes ausgestrahlt wird, beginnt ihre Produktion. Bei den Pokémon-Filmen beginnt die Produktion sogar ein Jahr im Voraus.

Pokémon Mystery Dungeon: Team Rot erschien in Europa im November 2006 und war das letzte Pokémon-Spiel, das auf einem Game-Boy-System veröffentlicht wurde.

Hunger sorgt für Veränderung

Der *Elektro*-Nager Morpeko erzeugt enorm viel elektrische Energie, sodass es ständig hungrig ist. Deswegen gerät es andauernd in einen Heißhunger, der Morpekos Äußeres beeinflusst und dem Hamster miserable Laune bereitet. In den Spielen wechseln seine Formen deshalb jede Runde ab.

Einzigartige Abenteuer

Seine persönliche ID-Nummer findet jeder Trainer auf seinem Trainerpass wieder. Sie wird zufällig generiert und konnte in früheren Spielen einen Wert bis 65535 haben. Tatsächlich gab es bei Entwickler Game Freak anfangs Pläne, ebenso viele unterschiedliche Versionen der Pokémon-Spiele zu veröffentlichen. Richtig gehört! Es gab Überlegungen, dass die Trainer-ID Spielelemente wie Umgebungsdesigns oder Pokémon-Fundorte beeinflusst, sodass jeder Spieler auf Grundlage der ID ein quasi einzigartiges Erlebnis haben würde. Als *Mario*-Erfinder Shigeru Miyamoto zur Entwicklung der ersten Pokémon-Spiele unterstützend dazustieß, verhinderte er jedoch die ID-Pläne. Das Konzept sei für Spieler zu abstrakt. Anschließend einigte man sich auf Versionen, deren Spielinhalte sich minimal unterscheiden und visuell auffallend anders sind.

Ein guter Lauf

Seit der Veröffentlichung des ersten Pokémon-Films im Sommer 1998 kam jeden Juli mindestens ein weiterer Taschenmonster-Film in Japan heraus. Die erste Ausnahme bildete *Geheimnisse des Dschungels*, der wegen der Covid-Pandemie in den Dezember 2020 verschoben wurde. Aus dem gleichen Grund erschienen auch in den Jahren 2021 und 2022 keine neuen Pokémon-Filme.

Ewige Freundschaft?

Einer der namhaften Wissenschaftler der Pokémon-Welt ist Professor Eich aus Alabastia. In den Editionen der ersten Generation und ihren Neuauflagen schickt er den Spieler und seinen Rivalen auf die Reise, den Pokédex für ihn zu vervollständigen. Doch vor seiner Zeit als Wissenschaftler war Eich wohl ein begnadeter Trainer, wie Agathe im Smartphone-Spiel *Pokémon Masters EX* verrät. Seit Kindheitstagen sind die beiden befreundet. Agathe ist das älteste Mitglied der Top Vier aus der Kanto-Region und auf *Geist*-Pokémon spezialisiert. In ihrer Jugend trainierten Professor Eich und Agathe oft zusammen, jedoch ging er wohl stets als Sieger vom Platz. Dass Eich das Trainer-Dasein für die Wissenschaft und die Entwicklung des Pokédex aufgab, hat Agathe ihm aber nie verziehen. Sie fühlt sich seitdem betrogen und im Stich gelassen.

Turtok, der Zauberer

Bevor das Pokémon-Sammelkartenspiel auch außerhalb Japans für Furore sorgen konnte, musste zunächst ein Produzent her. Die Firma „Wizards of the Coast", die unter anderem für die ikonischen *Magic-The-Gathering*-Sammelkarten verantwortlich ist, erhielt für den internationalen Vertrieb den Zuschlag. Ehe die Pokémon Company ab 2003 die Produktion übernahm, stammten die Pokémon-Karten ab 1999 aus den Druckerhallen von „Wizards of the Coast". Um die japanischen Verantwortlichen von sich zu überzeugen, wurden 1998 einige englische Testdrucke angefertigt. Dafür musste die Schildkröte Turtok Modell stehen: Ihre Pose ist bereits vom Cover der *Blauen Edition* bekannt.

Das Besondere an den Testdrucken ist jedoch, dass auf der Vorderseite ein Taschenmonster posiert, während auf der Rückseite das Logo vom *Magic*-Kartenspiel prangt. Von dieser Rarität sind nur eine Handvoll Karten bekannt. Ein weiteres Turtok wurde für Promo-Zwecke angefertigt und weist eine schmucklose, weiße Rückseite auf. Von dieser Karte wurden nur zwei Exemplare angefertigt – während eines im Frühjahr 2021 für etwa 360.000 US-Dollar bei einer Auktion versteigert werden konnte, ist die andere Turtok-Karte bis heute verschollen.

Eine nette Hommage

Das kommt mir doch bekannt vor, dachten sich wohl japanische Spieler der ersten Pokémon-Editionen. Bei der Namenswahl für den Protagonisten und seinen Rivalen werden unter anderem die Namen Satoshi und Shigeru vorgeschlagen. Dies ist eine Hommage an den Taschenmonster-Erfinder Satoshi Tajiri und den *Super-Mario*-Urvater Shigeru Miyamoto, der den Entwickler Game Freak bei der Produktion der ersten Spiele unterstützte. Dieser Tribut wird auch im Anime aufgegriffen: In der japanischen Version heißt der Protagonist nicht Ash, sondern Satoshi und sein Rivale Shigeru statt Gary.

Wenig cool

Jedes Pokémon gehört einem Typ wie *Psycho* oder *Elektro* an, manche weisen sogar einen zweiten Typ auf. So ist bis zur achten Generation der insgesamt am wenigsten vertretene Typ *Eis* mit nur 51 Pokémon. Das ergibt etwa fünf Prozent aller bislang erschienenen Monster. Der häufigste Typ ist *Wasser*, mit 146 Vertretern dieser Spezies, was ungefähr 16 Prozent der Taschenmonster ausmacht. Dazugezählt werden auch sekundäre *Eis*- und *Wasser*-Pokémon sowie regionale Formen. In Generation eins dominierten *Gift*-Pokémon noch das hohe Gras, doch seit der zweiten Generation treffen Spieler am häufigsten auf *Wasser*-Monster.

Ein ungewöhnliches Geschenk

Die Monster in der Pokémon-Welt haben die unterschiedlichsten Ursprünge und so ist es wohl wenig verwunderlich, dass einige Pokémon auch von Menschenhand erschaffen wurden. Ein Beispiel dafür ist das mysteriöse Monster Magearna, das vor 500 Jahren von einem Wissenschaftler kreiert wurde. Die Sphäre in seinem Inneren besteht aus der Lebensenergie von Pokémon, weshalb Magearna besonders empathisch ist. Das stählerne Grau seines Körpers bestand einst aus den Farben Gold, Rot und Weiß. Diese alternative Form nimmt Magearna an, wenn es schläft oder müde ist. Wahrscheinlich war es als Geschenk für eine Prinzessin gedacht.

Umweltverschmutzung

Auch die Probleme der echten Welt finden ihren Platz im Pokémon-Universum. Besonders deutlich wird das an einem *Gift*-Trio: Während die Entwicklungsreihe von Sleimok und Smogmog für die Wasser- und Luftverschmutzung steht, symbolisiert das Müllsack-Monster Deponitox gemeinsam mit seiner Vorstufe die menschengemachte Verschmutzung an Land. Kritik angekommen?

Das nahm kein gutes Ente

Kaum ein Taschenmonster kommt an die Beliebtheit des Maskottchens Pikachu heran. Für die Remakes der ersten Editionen, die im Winter 2018 für die Nintendo Switch erschienen, wurde Pikachu als Titelheld ausgewählt. Da jedoch zwei Editionen der *Let's-Go*-Ableger geplant waren, wurde ein Pendant zu der Elektromaus gesucht. Zunächst wurde das *Wasser*-Pokémon Enton in Betracht gezogen. Da die Ente aber durch dessen Gelb- und Beige-Töne Pikachu stilistisch einigermaßen ähnelt, wurden diese Pläne verworfen. Letztlich entschieden sich die Verantwortlichen für das ebenfalls beliebte Evoli, sodass die Editionen *Pokémon Let's Go Pikachu & Evoli* getauft wurden.

Ohne Rücksicht

Dass Team Rocket eine rücksichtslose Verbrecherorganisation ist, steht außer Frage. Für ihre Ziele gehen sie sogar über Leichen: Als Rocket Rüpel in Lavandia beginnen, die Knochenschädel von hilflosen Tragosso zu entwenden, stellt sich eine Knogga-Mutter schützend vor ihr Kind. Dabei wird sie von den Rüpeln erschlagen und sucht fortan als Geist den Pokémon-Turm heim.

kurz & knapp

Stolze 21 Städte und andere Ortschaften hat die Einall-Region vorzuweisen – und damit so viele wie bisher kein anderes Gebiet.

Sieben Männchen, ein Weibchen – in einem solchen Verhältnis taucht der *Gift-Feuer*-Salamander Molunk auf. Das Besondere daran: Nur die Weibchen sind in der Lage, sich zu Amfira weiterzuentwickeln.

Jeder erfolgreiche Boss braucht Unterstützung, so auch Giovanni, der Anführer des berüchtigten Team Rockets. Er wird unterstützt von seiner Sekretärin Matori, die seit Ashs Reise durch die Sinnoh-Region immer mehr in den Vordergrund rückt und sich als Jessies Rivalin herausstellt.

Auf die Schippe genommen

Wer möchte nicht gerne mit dem Sandburg-Pokémon Colossand spielen? Wahrscheinlich diejenigen, die seinen Pokédex-Eintrag überprüft haben. Darin steht, dass es seine Beute mit Sand umschließt und ihr die Lebensenergie aussaugt. Deswegen befindet sich unter jedem Colossand ein Knochenhaufen.

Nichts als Gerüchte

Zahlreichen Fans ist aufgefallen, dass die *Käfer*-Pokémon Bluzuk und Smettbo große Ähnlichkeiten aufweisen – von den Augen, über die Hautfarbe bis zur Haltung der Hände –, obwohl sie nicht Teil einer Entwicklungsreihe sind. Daher hat sich das Gerücht verbreitet, dass Smettbo mit Bluzuks wirklicher Entwicklung Omot ausgetauscht wurde, damit Ash seine Abenteuer im Anime mit einem niedlichen Gefährten bestreitet. Dies ergibt jedoch keinen Sinn: Zum einen suggerieren die internen ID-Nummern von *Pokémon Rot & Grün*, dass Bluzuk unabhängig von Smettbo designt wurde. Zudem wurde der Schmetterling gleichzeitig mit seinen Vorstufen Safcon und Raupy kreiert. Zum anderen feierte der Pokémon-Anime seine Erstausstrahlung im April 1997 und damit über ein Jahr nachdem die ersten Spiele bereits erschienen waren – eine nachträgliche Änderung von Entwicklungen war also gar nicht mehr möglich.

Miauz, genau!

Warum kann Mauzi im Anime eigentlich sprechen, während die anderen Pokémon meist nur ihren Namen sagen? Die Auflösung dieser Frage liegt in der Vergangenheit. Team Rockets Mauzi lebte einst als Straßenkatze in Hollywood. Dort verliebte er sich in die vornehme Katze Miauzi, doch sie lehnte den Kater ab, da sie nur Interesse an Menschen habe. Dies inspirierte ihn, die Sprache der Menschen zu lernen und – im Gegensatz zu anderen Mauzis – aufrecht zu gehen. Bei seinem Schwarm Miauzi kam dies aber ganz und gar nicht gut an: Sie hielt ihn für einen Freak. Mit gebrochenem Herzen schloss er sich daraufhin Team Rocket an – denn das erste Wort, das Mauzi lernte, war „Rakete".

Geteilte Liga

Das Indigo Plateau ist auch als Pokémon-Liga bekannt und stellt die größte Herausforderung aller Trainer der Regionen Kanto und Johto dar – die beiden Areale teilen sich eine Liga. Dazu passt der Name Indigo Plateau ausgezeichnet: Alle Städtenamen in Kanto leiten sich von Farben ab – Indigo ist ein blauer Farbton –, wohingegen Johtos Ortbezeichnungen auf Pflanzen beruhen – es gibt eine Indigopflanze.

Des Menschen bester Freund

James' erstes Pokémon aus Kindheitstagen war ein Fukano mit dem Namen Knurrli. Er wuchs gemeinsam mit dem *Feuer*-Hund auf dem Anwesen seiner überaus reichen Eltern auf, die sich jedoch kaum um James kümmerten. Beim Verlassen seines Elternhauses ließ er Knurrli dort mit der Bitte zurück, es möge sich gut um seine Eltern kümmern. Diese dramatische Hintergrundgeschichte sorgt dafür, dass das Team-Rocket-Trio bei einigen Zuschauern eine gewisse Sympathie erfährt und man den Schurken den ein oder anderen Fehltritt verzeiht.

Fast unschlagbar

Sowohl Zobiris als auch Kryppuk weisen als einzige Pokémon die Typ-Kombination *Geist* und *Unlicht* auf. Dies sorgt dafür, dass sie bis zur fünften Generation von keiner Attacke sehr effektiv getroffen werden konnten. Behoben wurde diese Ungleichheit mit der Einführung des *Fee*-Typs, der als einziger doppelten Schaden bei Zobiris und Kryppuk verursacht.

Sind die Welten verbunden?

Die Pokémon-Welt ist nicht die gleiche wie unser Planet Erde. Das geht aus Landkarten und Darstellungen hervor, die im Anime und Manga zu sehen sind. Auch einer der Verantwortlichen der Pokémon Company und Mitgründer von Game Freak, Junichi Masuda, verriet dies in einem Interview. Zwar seien sich die Erde und die Pokémon-Welt ähnlich, doch vor allem die Wertvorstellungen der Menschen würden sich stark unterscheiden. Die Pokémon-Welt sei ein Platz, an dem Menschen und Taschenmonster zusammenarbeiten, um die Welt zu einem besseren Ort zu machen – auf unserer Erde sei dies nicht möglich. Dennoch findet unser Planet immer wieder Erwähnung in Pokémon-Medien. So wurde das mysteriöse Mew beispielsweise in einem Dschungel im südamerikanischen Land Guyana gefunden und die Firma Silph Co. soll neben ihrem Hauptsitz in Saffronia City auch eine Niederlassung im russischen Niemandsland haben.

Chance vertan

In frühem Bildmaterial zum Safari-Spiel *Pokémon Snap* ist die Schlange Rettan zu sehen – doch im finalen Game taucht sie nicht mehr auf. Rettan wurde gestrichen. Schade, denn so kommt der N64-Titel auf nur 63 fotografierbare Pokémon.

kurz & knapp

Super Smash Bros. Ultimate führte als erster Serien-Ableger keine einzige neue Pokémon-Stage ein. Sieben Retro-Arenen fanden sich auf dem Spielmodul wieder, einzig die Strecke Poké-Flug wurde nicht wieder aufgenommen.

Der erste Pokémon-Film kam 2000 in die deutschen Kinos und erreichte über 3,2 Millionen Zuschauer. Das machte ihn zum sechsterfolgreichsten Film in Deutschland in diesem Jahr.

In einigen Editionen können die Pokémon der Professoren in der Intro-Sequenz oder in den Fang-Tutorials schillernd sein. Heiko kann in *Rubin*, *Saphir* und *Smaragd* sogar ein Shiny Trasla fangen, doch in künftigen Aufeinandertreffen ist dieses Trasla nicht mehr schillernd.

Digital und analog

Nach dem Erfolg der Sammelkarten erschien im Dezember 2000 das Game-Boy-Color-Spiel *Pokémon Trading Card Game*. Dem ikonischen schwarzen Modul lag auch eine limitierte, echte Karte bei: Während japanische Spieler sich über ein exklusives Dragoran freuen durften, erhielten Fans anderer Länder ein besonderes Mauzi. Beide Karten kamen auch im Game-Boy-Spiel vor, wobei Mauzis Kartenlevel im Spiel auf Stufe 14 angegeben wird, in physischer Variante aber auf Level 13.

Elastische Einfältigkeit

Die meisten Pokémon können zahlreiche Attacken auf unterschiedlichen Wegen erlernen – sei es durch Levelaufstieg oder mithilfe eines Attacken-Lehrers. Das Buchstaben-Monster Icognito und das Transformations-Pokémon Ditto bilden jedoch eine Ausnahme: Beide können jeweils nur eine Attacke und keine weitere dazulernen. Mithilfe von Wandler nimmt Ditto die Form seines Gegenübers an und kann so einige seiner Attacken temporär einsetzen. Bei Icognito hingegen sieht es ein wenig anders aus: Außer dem Angriff Kraftreserve kann es keine andere Attacke ausführen oder lernen.

Unangemessen

Nachdem Rossana ihr Anime-Debüt im amerikanischen Fernsehen im Januar 2000 gefeiert hatte, brach eine Welle der Empörung aus. Das *Eis*-Pokémon bediene aufgrund seiner dunklen Hautfarbe, dicken Lippen und ständigen Hüftwackeln rassistische Stereotype. Die Pokémon-Verantwortlichen reagierten daraufhin und änderten Rossanas Hautfarbe zu lila. Außerdem wurden seither einige Folgen des Animes, in denen Rossana vorkommt, nicht mehr im Westen ausgestrahlt. Die Kontroverse hatte auch Auswirkungen auf Blubella, ein Blumen-Monster der zweiten Generation. Erste Konzeptzeichnungen zeigen es noch mit dunklerer Haut, doch Game Freak passte dies an und machte es grün – denn Blubella ist inspiriert von polynesischen Tänzerinnen.

Für jede Situation etwas

Mittlerweile gibt es über 35 unterschiedliche Arten an Pokébällen – von Hyper- bis Premierball ist alles dabei. Abgesehen von Generation sechs wurde mit jeder Generation mindestens eine neue Pokéball-Art eingeführt, die sich für gewisse Situationen besonders gut eignet. Der Netzball beispielsweise ist sehr effektiv bei *Wasser*- und *Käfer*-Pokémon und der Schwerball bei massigen Monstern.

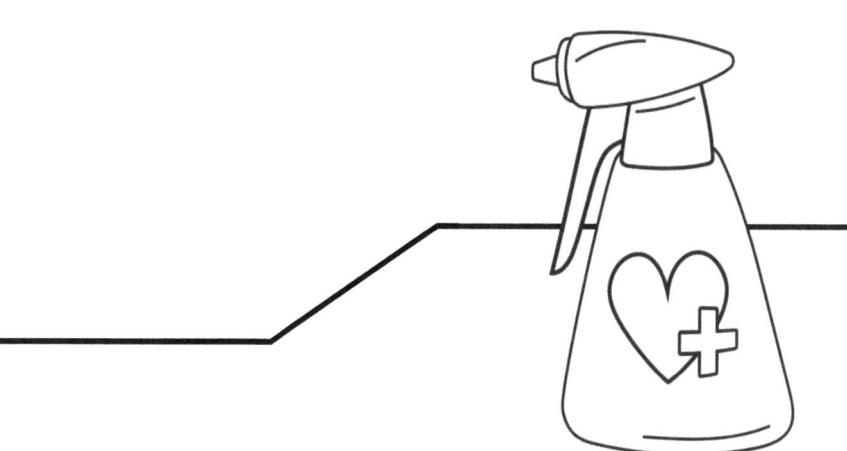

Per Knopfdruck lässt sich die Größe eines Pokéballs ändern. Bei vollem Umfang passt der Ball perfekt in die Hand und eignet sich am besten zum Werfen, wohingegen die Tischtennisball-ähnliche Mini-Größe perfekt zum Tragen und Verstauen von Pokébällen ist.

Die drei weisen Affen

„Das Böse nicht sehen, das Böse nicht hören, das Böse nicht aussprechen" – dieses japanische Sprichwort ist den meisten Menschen in Form von drei Affen bekannt, von denen einer jeweils seine Augen, seinen Mund und seine Ohren verdeckt. Die drei Affen der fünften Pokémon-Generation, Vegimak, Grillmak und Sodamak, basieren genau auf diesem Sprichwort. Das Trio verdeckt jedoch ganz und gar nicht seine Sinnesorgane: Vegimak steht mit geöffnetem Mund da, Grillmak hält sogar seine Hand ans Ohr und Sodamak blinzelt fast schon demonstrativ. Böse, böse!

Geschlechtertausch

Aus Frau wird Mann: Das Baby-Pokémon Azurill ist das einzige Taschenmonster, das nach einer Entwicklung sein Geschlecht ändern kann. Bis zur fünften Generation der Pokémon-Spiele war dies möglich. Die Ursache für den Geschlechterwandel war simpel: Azurill tauchen in der Wildnis mit einem Verhältnis von 75 Prozent Weibchen zu 25 Prozent Männchen auf. Bei der Weiterentwicklung Marill beträgt das Verhältnis jedoch 50/50. Dies sorgte dafür, dass etwa ein Drittel aller weiblichen Azurill bei der Evolution männlich wurden. Seit der sechsten Generation dürfen alle weiblichen Azurill ihr Geschlecht nach der Entwicklung behalten.

kurz & knapp

Im Anime tauchte es auf, doch in den Spielen ist es einfach nicht vorzufinden: das schillernde Magearna. Obwohl die Spiele der achten Generation Daten für eine schillernde Version des Taschenmonsters enthalten, ist es das einzige Pokémon, das nicht als Shiny eingefangen werden kann.

Je nach Jahreszeit ändert sich das Aussehen des Reh-Pokémons Sesokitz und seiner Weiterentwicklung Kronjuwild.

Der Drache Maxax war wohl das erste designte Pokémon der fünften Generation. Sein Design entstand, während die Entwicklung der Editionen *Schwarz & Weiß* noch nicht richtig begonnen hatte und Game Freak noch an *Pokémon Platin* arbeitete.

Kunst im Park

Als die Taschenmonster dank der App *Pokémon GO* einen erneuten Hype erlebten, geschahen allerlei denkwürdige Dinge im Zusammenhang mit den digitalen Ungeheuern. So auch einige Wochen nach Release des Smartphone-Spiels, als eine eineinhalb Meter große Pikachu-Statue in einem Park in New Orleans auftauchte. Ein unbekannter Künstler ergriff die Gunst der Stunde und hatte die Figur über Nacht in einem verwahrlosten Springbrunnen aufgestellt. Sie besteht aus Fiberglas und ist so bearbeitet, dass sie wie Bronze aussieht. In Zement nahe des Fundaments der Statue ist die Inschrift „#pokemonument" eingelassen worden. In den folgenden Wochen wurde das Fiberglas-Pikachu Opfer von Vandalismus, ehe es im September desselben Jahres für etwa 2.000 US-Dollar bei einer Auktion versteigert wurde. Das Geld kam der Konstruktion eines neuen Springbrunnens zugute.

Der Schein trügt

Auf den ersten Blick sieht Papinella aus wie ein normaler Schmetterling. Bei genauem Hinsehen fällt aber sein meist eingerollter, doch spitzer Rüssel auf. Laut einigen Pokédex-Einträgen stößt Papinella diesen Rüssel in seine Feinde, um ihre Körpersäfte auszusaugen. Außerdem wird mehrmals erwähnt, es habe ein aggressives und gieriges Wesen.

Zu viel des Guten

Andere Länder, andere Sitten – Episode 35 des Pokémon-Animes nennt sich „Dratinis Legende" und wurde im November 1997 in Japan ohne Weiteres ausgestrahlt. In den meisten anderen Ländern gilt diese Folge jedoch als gebannte Episode. Der Hauptgrund für die Verbannung dürfte der Einsatz von Feuerwaffen sein. Direkt zu Beginn der Episode richtet eine Person dem Protagonisten Ash den Lauf einer Pistole ins Gesicht. Dies ging wohl sogar den amerikanischen TV-Verantwortlichen, trotz der dort herrschenden Waffen-Akzeptanz, zu weit.

Auch in Deutschland kamen diese Szenen gar nicht gut an, sodass die gesamte Episode hier nie ausgestrahlt wurde. Dies ließ eine Lücke in der Geschichte zurück, denn im Verlauf der Folge fangen Ash und Rocko 30 Tauros. Eines davon nimmt Ash in sein Team auf und die restlichen Exemplare schickt er an Professor Eich. Zuschauer außerhalb Japans können also gar nicht verstehen, woher Ash sein Tauros hat. Übrigens: Die Folge hält immer noch den Rekord für die meisten durch einen Protagonisten gefangenen Pokémon innerhalb einer Episode.

Oh, doch!

In der Einall-Region taucht das pinke Pokémon Ohrdoch hauptsächlich in raschelndem Gras auf und ist bekannt dafür, dem Spieler besonders viele Erfahrungspunkte zu bescheren. Im Gegensatz zu den meisten Taschenmonstern wurde es jedoch nicht in erster Linie für die Spiele, sondern vor allem unter Berücksichtigung des Animes designt. Die Einall-Region sollte neue Pokémon einführen und so sollte Ohrdoch Schwester Joy unterstützen, die in anderen Gebieten hauptsächlich von Chaneira Hilfe bekommt.

Das falsche Pikachu

Pikachus Beliebtheit hat das *Geist-Fee*-Pokémon Mimigma dazu inspiriert, sich einen Lumpen überzustülpen, der der Elektromaus nachempfunden ist. So hofft Mimigma, endlich Freunde zu finden. Seine wahre Gestalt bleibt stets verborgen und alle, die diese jemals erblickten, starben umgehend. Game Freak bediente sich beim Design wohl an der Kultur Hawaiis und anderer pazifischen Inseln, denn Mimigmas Eigenschaften erinnern an eine Mischung aus verschiedenen Fabelwesen und Geistergeschichten der Region.

Trainer im Ruhestand

Forschen statt Kämpfen – Professor Eich hat seine Kampfausrüstung schon länger an den Nagel gehängt. Doch in den Editionen der ersten Generation sollte der Spieler eigentlich gegen den Wissenschaftler kämpfen können. Das belegen Trainerdaten, die es nicht ins finale Spiel geschafft haben. Durch einen Programmierfehler lässt sich der gestrichene Kampf trotzdem ausfechten. Dabei setzt Professor Eich insgesamt fünf Pokémon ein: ein Level 66 Tauros, ein Level 67 Kokowei, ein Level 68 Arkani, ein Level 70 Garados und die höchste Entwicklungsstufe eines Starter-Pokémons; ein Bisaflor, ein Glurak oder ein Turtok auf Level 69. Diese Monster werden teilweise vom Champion der Pokémon-Liga eingesetzt, sodass Professor Eich möglicherweise sogar als eigentlicher Champion vorgesehen war.

Bastel-Attacke

Die Pokémon sind nicht nur auf Konsolen und Smartphones zu Hause: Im Januar 2001 erschien in Europa die PC-Software *Pokémon Project Studio* in den Editionen *Rot & Blau*. Mit dieser Anwendung ließen sich eigene Post- und Geburtstagskarten, sowie andere Bastelartikel designen. Alle 151 Pokémon der ersten Generation sind als Motive enthalten, wobei einige Monster nur in einer Edition auftauchen.

kurz & knapp

Mewtus Entstehungsgeschichte wurde als Hörspiel aufgezeichnet und in den Wochen vor Kinostart des ersten Pokémon-Films in japanischen Radios abgespielt. Zwar schaffte es das Stück nicht über japanische Grenzen hinaus, doch letztlich wurde es als animiertes Prequel an das TV-Special *Mewtu kehrt zurück* angefügt.

Das Boxer-Pokémon Nockchan hat die Pokédex-Nummer 107 – genau so viel Pfund bringt der Protagonist Little Mac aus Nintendos Box-Spielereihe *Punch-Out!!* auf die Waage.

Der Meisterball fängt jedes Pokémon garantiert und ist somit einzigartig – fast. Der Parkball im Park der Freunde hat ebenfalls eine 100-Prozent-Quote, wie auch der Traumball in der Kontaktebene der fünften Generation.

Hohoho!

Weihnachten in der Pokémon-Welt? Das Pinguin-Monster Botogel macht's möglich! Sein Markenzeichen ist die Attacke Geschenk, die bis zur sechsten Generation die einzige seiner durch Levelaufstieg erlernbaren Attacken war. Diese Geschenke trägt es stets in einem Sack bei sich. Und auch sein Äußeres – ein roter Körper und markanter weißer Bart sowie Augenbrauen – erinnern an den Geschenke-verteilenden Weihnachtsmann. Dabei sorgt Botogel mit seinen Präsenten wohl für besonders große Freude, denn es ist bekannt dafür, verschollenen Personen und Menschen in Not Nahrung zu bringen.

Als Pikachu mit Bällen schoss

Los Pikachu, mach ein Tor! Bei der Fußball-Weltmeisterschaft 2014 in Brasilien unterstützte Pikachu die japanische Nationalmannschaft als offizielles Maskottchen. In einer Werbeaktion mit dem deutschen Sportartikelhersteller Adidas wurde die gesamte Pokémon-Fußballmannschaft enthüllt. Natürlich erhielt die elektrische Maus Unterstützung von zehn Freunden – darunter auch sein Anime-Rivale Mauzi. Die Erfolge der Pokémon-Marke gingen leider jedoch nicht auf die japanische Nationalmannschaft über, denn sie schied sieglos als Letzter aus ihrer Gruppe aus.

Rekord nach Rekord

Mit über 154 Millionen verkauften Geräten ist der Nintendo DS das zweit-meistverkaufte Videospiel-System hinter der PlayStation 2. Zwar konnte New Super Mario Bros. mit über 30 Millionen abgesetzten Exemplaren verhindern, dass ein Pokémon-Spiel sich den Platz als meistverkauftes Nintendo-DS-Spiel sichert, doch dafür geht der Titel des sich am schnellsten verkaufenden Games an *Pokémon Schwarz & Weiß*. Allein in Japan wurde es mehr als eine Million Mal vorbestellt – Rekord. Innerhalb von zwei Tagen nach Veröffentlichung wurden etwa 2,6 Millionen Exemplare verkauft – wieder ein Rekord. Im Januar 2011 und damit knapp vier Monate nach Veröffentlichung wurde die Marke von fünf Millionen verkauften Spielen geknackt, was zuvor kein anderes Nintendo-DS-Spiel in so kurzer Zeit schaffte – ein weiterer Rekord. Umso beeindruckender, wenn man bedenkt, dass die Editionen erst einige Monate später auch im Rest der Welt veröffentlicht wurden.

Huckepack mal anders

In der achten Generation wurde das *Drache-Geist*-Pokémon Katapuldra eingeführt. Als letzte Entwicklungsstufe von Grolldra trägt es zwei Grolldra in Taschen auf seinem Kopf. Bei Bedarf kann Katapuldra diese auf seine Gegner schießen.

Hömma, wo bisse am Bleiben?

In der Hisui-Region leitet Denboku die Galaktik-Expedition. Nachdem sein Heimatdorf zerstört wurde, möchte er mit Jubeldorf einen neuen, sicheren Ort aufbauen. Wo genau seine Heimat liegt, wird aber nicht erwähnt. In der japanischen Version von *Pokémon Legenden: Arceus* spricht Denboku gelegentlich mit einem Dialekt, der mit der Johto-Region in Verbindung steht. Und auch in der italienischen Version des Spiels erwähnt er Orte, die in Johto liegen.

Wünsch dir was

Mit etwas Geduld können Träume wahr werden: Auf der Route 10 der Kanto-Region gibt es eine Pfadfinderin mit einem besonderen Wunsch. Ihrer Meinung nach sollte es ein pinkes Pokémon mit einem Blumenmuster geben. Zahlreiche Jahre später sollte sich dieser Wunsch erfüllen, als mit den Editionen *Schwarz & Weiß* das Tapir-Monster Somniam seinen Weg in das Pokémon-Universum fand – Somniam ist pink und hat ein Blumenmuster auf seinem Körper, ganz nach den Vorstellungen der Pfadfinderin.

Da hilft kein Korken

Die Inselbewohner von Alola stoßen manchmal auf ein ungewöhnliches Problem. Durch Wurmlöcher geraten die sogenannten Ultrabestien aus der Ultradimension auf die Inseln. Ihr Status als richtige Pokémon ist nicht zu 100 Prozent geklärt, da sie mit normalen Pokébällen fast nicht zu fangen sind. Einzig Ultra- und Meisterbälle wirken bei den Ultrabestien. Aufgrund ihrer extradimensionalen Fertigkeiten werden sie von Menschen gefürchtet.

Verschiedene Welten eines Universums

Obwohl die Spiele und der Anime wohl gegenseitig einiges zu ihrem jeweiligen Erfolg beigetragen haben, erhalten die dort auftretenden Charaktere eher selten Folgeauftritte. Gerade der Protagonist des Animes, Ash Ketchum, wird hin und wieder in den Games erwähnt oder angedeutet, so wie in *Pokémon Gelb Special Pikachu Edition*, das sich einiger Elemente aus dem Anime bedient. Doch seinen tatsächlichen ersten und einzigen Auftritt, bei dem Ash auch spielbar ist, gab es bislang nur im N64-Spiel *Pokémon Puzzle League*.

Feuer frei

Der Oktopus Octillery und seine fischartige Vorentwicklung Remoraid sehen recht harmlos aus. Dass sich ein Fisch zu einem Kraken entwickelt, scheint allerdings leicht verwunderlich. Ein Blick auf die frühen Designs der beiden Pokémon der zweiten Generation gibt aber Aufschluss: Remoraid war einem Revolver nachempfunden und Octillery einem Panzer. Den Pokémon-Verantwortlichen waren diese Entwürfe wahrscheinlich jedoch zu makaber, sodass ihr Aussehen „entschärft" wurde. Hinweise auf ihre ursprünglichen Formen finden sich heute noch in ihren Namen, in denen die Worte „Artillerie" und „Raid" (deutsch: Razzia) vorkommen. Außerdem werden Octillery und Remoraid der Pokémon-Kategorie Hochdruck zugeordnet, was wohl ein Hinweis auf den Schussmechanismus von Waffen sein dürfte. Ganz so harmlos waren sie dann wohl nicht immer.

Pokémon statt Trainer

In den *Pokémon-Mystery-Dungeon*-Teilen schlüpft der Spieler in die Rolle eines Taschenmonsters und erkundet gemeinsam mit seinem Team Höhlen. Mit *Team Rot* und *Team Blau* sind im November 2006 die ersten Ableger in Deutschland erschienen. Fast 14 Jahre später wurden diese mit *Retterteam DX* auf der Nintendo Switch neu aufgelegt.

kurz & knapp

Um sich vor den Angriffen seines natürlichen Feindes zu schützen, hat das Ameisen-Pokémon Fermicula im Laufe der Evolution einen Metallpanzer gebildet – dumm nur, dass sein größter Feind der Ameisenbär Furnifraß ist. Furnifraß ist für seine *Feuer*-Attacken berüchtigt und lässt Fermiculas Stahlpanzer einfach dahin schmelzen.

Wie sein Name schon verrät, ist Hypno auf Hypnose spezialisiert. Es nutzt sein Pendel, um Menschen innerhalb von drei Sekunden ins Land der Träume zu befördern – und anschließend diese Träume zu verzehren.

Im Anime wird der *Elektro*-Arenaleiter Major Bob als einer der größten Menschen dargestellt. Er ist etwa doppelt so groß wie Ash.

Das Original?

Mit den Pokémon-Editionen *Schwert & Schild* wurden weitere regionale Formen bereits bekannter Taschenmonster eingeführt. So auch das Galar-Zigzachs: Es hat eine schwarz-weiße Farbgebung und weist, im Gegensatz zum ursprünglich mit der Hoenn-Region eingeführten Dachs-Monster, zusätzlich den Typ *Unlicht* auf. Laut Pokédex-Eintrag der *Schild Edition* handelt es sich bei der Galar-Form jedoch um die ursprüngliche Form von Zigzachs. Pokémon außerhalb von Galar verlieren wohl ihren *Unlicht*-Typ und nehmen eine bräunliche Farbgebung an, wie sie das Hoenn-Zigzachs besitzt. Außerdem wird auch ihr Gemüt friedlicher – die Galar-Zigzachs sind für ihr aggressives Verhalten berüchtigt. Dazu kommt, dass sich ihre Weiterentwicklung Geradaks außerhalb der Regionen von *Pokémon Schwert & Schild* nicht weiterentwickeln kann – in Galar jedoch sehr wohl zu einem rücksichtslosen Barrikadax heranwächst.

Fast wie eine Schnitzeljagd

In der Alola-Region gibt es weder Arenen noch Orden. Stattdessen muss der Spieler Inselprüfungen ablegen, um zum Champion gekrönt zu werden. Bei dieser Inselwanderschaft halten die sogenannten Captains Prüfungen bereit, die sich nicht nur auf Kämpfe beschränken.

Ein buntes Stell dich ein

Die Pokémon-Prominenz wurde in weiteren Teilen der *Super-Smash-Bros.*-Serie immer stärker ausgebaut: Im Gamecube-Ableger *Super Smash Bros. Melee*, erhielten noch mehr Taschenmonster eine Einladung. Pichu und das legendäre Mewtu betraten das Schlachtfeld.

In *Super Smash Bros. Brawl* für die Wii mussten diese beiden jedoch weichen. Sie machten Platz für das fuchsartige Taschenmonster Lucario und den Pokémon-Trainer. Dieser kämpft jedoch nicht selbst, sondern setzt stattdessen Schiggy, Bisaknosp und Glurak ein. Das Design des Pokémon-Trainers ist an den Protagonisten aus *Pokémon Feuerrot & Blattgrün*, den Neuauflagen der Spielen der ersten Generation, angelehnt.

Als *Super Smash Bros. for 3DS & Wii U* erschien, wich der Pokémon-Trainer dem nun allein gebliebenen Glurak. Das ikonische Mewtu feierte sein Comeback als herunterladbarer Kämpfer. Es gehörte nicht zur standardmäßigen Kämpferriege. Dafür feierte der Frosch-Ninja Quajutsu sein Debüt.

Vier Jahre später landete *Super Smash Bros. Ultimate* auf der Nintendo Switch und versprach eine ultimative Kampferfahrung – sämtliche jemals zuvor erschienenen Kämpfer feiern ihr Comeback. Pokémon wie Pichu, Schiggy oder Bisaknosp sind wieder mit von der Partie. Ergänzt wird die Truppe von der *Feuer*-Katze Fuegro, sodass insgesamt zehn Pokémon spielbar sind.

Ein echter Gewinn

Die Dragoran-Sammelkarte, die den japanischen Versionen des Game-Boy-Spiels *Pokémon Trading Card Game* beilag, ist eine der vier legendären Karten aus der Geschichte des Spiels. Sie ist damit die Einzige, die auch in physischer Version existiert. Bei den anderen Karten handelt es sich um die legendären Vögel Arktos, Zapdos und Lavados.

Der neue Sohn

Nachdem Ashs Mutter, Delia Ketchum, einem flüchtigen Pantimos Unterschlupf bietet, zieht dieses bei ihr ein und unterstützt sie im Haushalt. Sie nennt es liebevoll Pantimi und kümmert sich beinahe fürsorglicher um das Pokémon als um ihren Sohn. Im späteren Verlauf des Anime-Abenteuers wird Pantimi Teil von Ashs Team. Wie er das Pantimos fängt, wird jedoch nicht gezeigt. Außerdem ist es das erste von Ashs Pokémon, das einen Spitznamen hat, doch einzig Delia spricht es als Pantimi an.

Teatime

Fatalitee und seine Entwicklung Mortipot sind *Geist*-Pokémon, die sich in Porzellan-Tassen und -Kannen einnisten. In seltenen Fällen treten sie in der Originalform auf: Antike Tassen und Kannen, die durch Stempel an der Unterseite ihre Authentizität beweisen. Die Fälschungsformen weisen diese Stempel nicht auf.

Von einfach bis schwer

Das gab es vorher nicht: Mit *Pokémon Schwarze Edition 2 & Weiße Edition 2* erhielten Spiele der Hauptreihe erstmals einen Schwierigkeitsgrad. Über das Schlüsselsystem im Einall-Link-Menü können der Hilfs- beziehungsweise Hürdenmodus aktiviert werden, nachdem der Champion besiegt wurde. Spieler der Edition *Weiß 2* erhalten dann den Hilfsschlüssel, wohingegen Spieler der Edition *Schwarz 2* den Hürdenschlüssel bekommen. Für das Freischalten aller Modi müssen die Schlüssel also getauscht werden. Die Schwierigkeitsgrade unterscheiden sich dabei durch die höhere beziehungsweise geringere künstliche Intelligenz im Spiel, selbiges gilt für die Level der eingesetzten Gegner-Pokémon.

kurz & knapp

Fünf Generationen an Pokémon brauchte es, ehe mit Boreos das erste reine *Flug*-Typ-Taschenmonster auftauchte. Jeder andere Typ hatte zuvor bereits reintypige Vertreter.

Das Lieblings-Pokémon von Game-Freak-Mitgründer Junichi Masuda ist Enton. Wenig verwunderlich, denn Masudas bevorzugter Typ ist *Wasser*, sowie Surfer seine Lieblings-Attacke.

Im New Yorker Pokémon Center stand ein echter Flipperautomat im Design des Game-Boy-Advance-Spiels *Pokémon Pinball Rubin & Saphir*.

Das Vogel-Pokémon Habitak sieht die Welt in Grautönen. Dies geht aus der ersten Folge des Animes aus einer Szene hervor, in der Habitaks Schwarz-weiß-Sicht offenbart wird.

Guten Appetit

Essen Menschen eigentlich Pokémon? In der Welt der Taschenmonster ist das eine berechtigte Frage. Tatsächlich gibt es immer wieder Erwähnungen von diesen besonderen Mahlzeiten. So stellen sich beispielsweise Ash und Rocko im Anime vor, wie sie ein Karpador verspeisen würden. Und auch Prof. Eich erzählt, dass er eher das Krabby seines Enkels Gary als das von Ash essen würde, da es viel größer und damit schmackhafter sei. Auch einige Pokédex-Einträge stellen gewisse Taschenmonster als Leckerbissen dar: Barschuft beispielsweise gelten als besonders köstlich, wohingegen Krebutacks Klauen ganz und gar nicht empfohlen werden.

Früher war alles teurer

Heutzutage kostet ein Booster-Pack mit etwa zehn Pokémon-Sammelkarten um die fünf Euro. Als die Hype-Welle Ende der 1990er-Jahre nach Deutschland schwappte, bezahlten junge Trainer noch ungefähr zehn Deutsche Mark, also deutlich mehr. Inflation einberechnet, müsste ein Booster-Pack 22 Jahre später eigentlich etwa sieben Euro kosten.

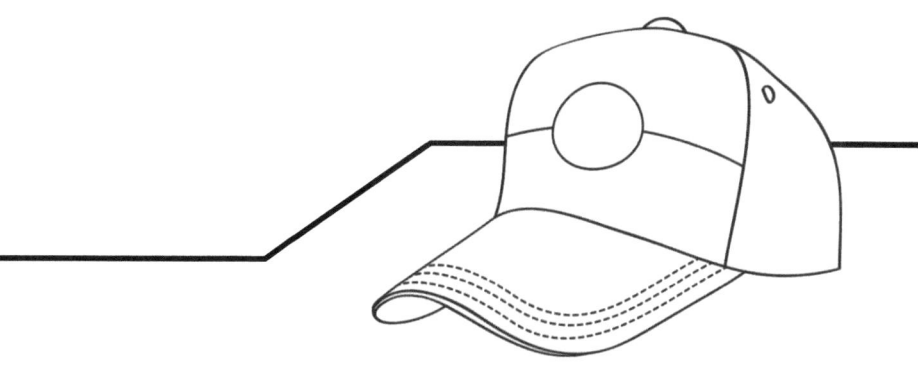

Im Juni 2022 wurde die 1.200. Episode des Pokémon-Animes in Japan ausgestrahlt und auch nach 25 Jahren Laufzeit scheint kein Ende in Sicht.

Bei einer Länge von etwa 22 Minuten pro Folge würde es über 440 Stunden dauern, um den Anime komplett durchzuschauen – das sind mehr als 18 Tage am Stück.

Pokémon Stadium Zero?

Selten staunten Pokémon-Fans so sehr wie im April 2000 als das N64-Spiel *Pokémon Stadium* erschien. Erstmals konnten Spieler Kämpfe mit allen 150 Monstern in 3D austragen. Doch war es wirklich das erste Mal?

Wie so oft erhielten die Fans in Japan den Vortritt. Denn das bei uns erschienene Spiel wurde dort nicht nur bereits ein ganzes Jahr vorher veröffentlicht, es handelt sich streng genommen um den zweiten Teil der *Pokémon-Stadium*-Reihe. Der eigentliche erste Teil wurde in Japan im August 1998 veröffentlicht und war das 3D-Debüt der Taschenmonster. Das Spiel schaffte es nicht über die japanischen Grenzen hinaus.

Inhaltlich lässt es sich als abgespeckte Version von *Pokémon Stadium* bezeichnen. Die meisten Spielmodi sind nur aufrufbar, wenn eine Game-Boy-Edition von Pokémon mit dem N64 verbunden wird. Mittels Transfer Pak – einem Zusatz für den N64-Controller – können Daten des Game-Boy-Spiels mit dem N64 ausgetauscht werden. Der Battle-Modus lässt sich unabhängig davon aufrufen, bietet aber mit lediglich 40 Taschenmonstern eine magere Kämpferriege. Das einzige Pokémon der Auswahl, das sich noch entwickeln kann, ist – wie sollte es anders sein – Pikachu.

Spaß bei der Arbeit

Seit der zehnten Ausgabe ist Satoshi Yamato Zeichner des Pokémon-Mangas. In Kommentarboxen nutzt er Abbildungen von Schluckwech, das ihn repräsentiert. Wenig verwunderlich, denn Schluckwech ist Yamatos Lieblings-Pokémon.

Der Pokémon-Schock

Traurige Berühmtheit erlangte Folge 38 der ersten Staffel des Pokémon-Animes mit dem Titel „Computer-Krieger Porygon". Nach ihrer Erstausstrahlung in Japan am 16. Dezember 1997 mussten fast 700 Kinder ins Krankenhaus eingeliefert werden. Grund dafür waren epileptische Anfälle, ausgelöst durch Szenen mit stroboskopartigen, flackernden Donnerblitzen und explodierenden Raketen. Die japanische Presse betitelte den Vorfall daraufhin als „Pokémon-Schock". Nachdem Ausschnitte der verantwortlichen Szenen in Nachrichten-Beiträgen wiederholt wurden, kam es zu weiteren epileptischen Anfällen. Als Folge wurde die Episode nie wieder ausgestrahlt – auch nicht im Ausland. Außerdem legte der Anime eine viermonatige Pause ein und Nintendos Aktienkurs fiel um 3,2 Prozent. Die Schlagzeilen des Schocks erreichten auch die USA, obwohl die erste Folge des Animes dort erst neun Monate später im September 1998 ausgestrahlt wurde.

kurz & knapp

Von vorn wie von hinten wird Alola gleich gelesen. Der Name der Inselregion der siebten Generation ist demnach ein Palindrom.

Vor mehr als tausend Jahren hat eine alte Zivilisation in einer Wüste in Peru die Nazca-Linien angefertigt: In den Wüstenboden gezogene Linien, die nur aus der Luft erkennbar sind. Diese Konstellationen dienten als Vorbild zu Symvolaras Design – ein *Psycho-Flug*-Pokémon der fünften Generation.

Getreu dem Motto „Schnapp' sie dir alle!" führte die spanische Polizei 2012 die „Operación Pokémon" durch. Damit konnte ein breit gestricktes Netzwerk politischer Korruption aufgedeckt und zerschlagen werden.

Von eins bis 100

Karpador, Garados und Regigigas sind die einzigen Pokémon, die sich in den Spielen sowohl auf Level eins als auch auf Level 100 fangen lassen. Keinen anderen wilden Pokémon kann man auf so niedrigem, aber auch nicht auf so hohem Level begegnen. Das macht Regigigas außerdem zum einzigen legendären Pokémon, das sowohl auf Stufe eins als auch auf Stufe 100 in der Wildnis auftaucht.

Drucker auf Hochtouren

Von den bislang über 43 Milliarden Pokémon-Sammelkarten wurden allein neun Milliarden Karten im Geschäftsjahr 2021 gedruckt. Normalerweise produziert die Pokémon Company ein bis zwei Milliarden Sammelkarten pro Jahr, doch in den vergangenen Jahren ist die Nachfrage rapide gestiegen. Ein Viertel aller jemals produzierten Pokémon-Karten wurden in den Jahren 2020 bis 2022 hergestellt.

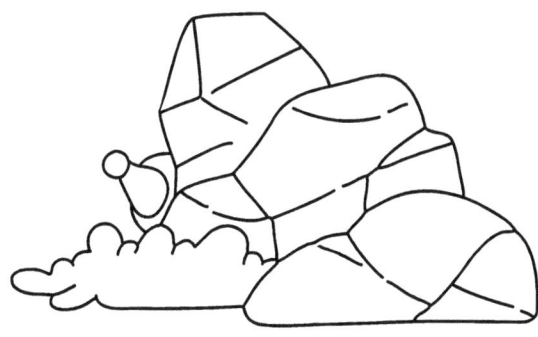

„Excuse me"

Professor Laven unterstützt die Galaktik-Expedition mit seiner Expertise. Dabei stammt er offenbar ursprünglich aus der Galar-Region. Deutlich wird das an den Buchstaben, die auf der Tafel in seinem Büro zu erkennen sind. Außerdem benutzt er hin und wieder englische Phrasen – die britischen Inseln waren die Vorbilder für Galar.

Mehr als ein Gesicht

Pokémon ist nicht gleich Pokémon: Einige Taschenmonster der gleichen Art können sich offenbar voneinander unterscheiden. So weist die Kobra Arbok auf ihrer Brust ein Muster auf, das teilweise von Exemplar zu Exemplar anders aussieht. Dieses Muster soll laut verschiedener Pokédex-Einträge ein Gesicht darstellen, mit dem Arbok Feinde einschüchtert. Die imitierten Augen und der Mund sind zwar in den Spielen seit der vierten Generation einheitlich, doch zuvor unterscheiden sie sich teilweise sogar innerhalb einer Spielegeneration. In Abbildungen der Sammelkarten wird das Gesicht nicht immer einheitlich dargestellt und in der Pokémon-Manga-Reihe kommen sogar Arbok vor, die das Muster auf ihrer Brust verändern können.

Echo, Echo, Echo

Not macht erfinderisch und durch die Einschränkungen des Game Boys mussten sich die Entwickler der ersten Generation der Pokémon-Spiele einiges einfallen lassen. So erhielt nicht jedes der ersten 151 Taschenmonster einen eigenen Ausruf. Stattdessen wurden 37 unterschiedliche Sounds integriert, die sich durch Effekte, Geschwindigkeit oder Tonlage unterscheiden. Dieser Trick wurde bei zwei Paaren jedoch nicht angewandt, sodass sich Glurak und Rihorn denselben Ruf teilen. Auch die Ausrufe von Quapsel und Ditto lassen sich nicht unterscheiden. Mit den Spielen der sechsten Generation *Pokémon X & Y* erhielten die meisten Monster früherer Ableger überarbeitete Rufe – der Technologie sei Dank.

Schwarmintelligenz mal anders

Wer es wagt, das schwächliche Fisch-Pokémon Lusardin zu attackieren, kann sein blaues Wunder erleben. In Gefahr beginnen Lusardins Augen zu tränen und glänzen, was einen Schwarm an Artgenossen zu Hilfe ruft. Vor dieser Schwarmform fürchten sich sogar Pokémon wie Garados oder Wailord. Seinem Gewicht nach zu urteilen, besteht Lusardins Schwarmform aus 262 einzelnen Fischen.

Neues Rezept

Mit *Mewtu schlägt zurück – Evolution* wurde der erste Pokémon-Film über 20 Jahre nach Erstveröffentlichung neu aufgelegt. Das Remake ist jedoch stilistisch kein klassischer Anime, sondern nutzt Computeranimation und 3D-Figuren als Grundlage. Es ist der 22. Film der Hauptreihe, der von den Abenteuern von Ash und seinen Freunden handelt. Im Heimatland der Taschenmonster lief das Remake im Juli 2019 an, nur zwei Monate nach der Premiere von *Meisterdetektiv Pikachu*.

Die wahre Pokémon-Welt

Im Gegensatz zum Anime orientiert sich die Handlung des Mangas *Pokémon: Die ersten Abenteuer* etwas näher an der erfolgreichen Spielereihe. Die Pokémon-Verantwortlichen zeigen sich begeistert, so sagte Taschenmonster-Erfinder Satoshi Tajiri beispielsweise, dass der Manga am ehesten die Welt überliefert, die er vermitteln wollte. Der Präsident der Pokémon Company, Tsunekazu Ishihara, wolle natürlich, dass jeder Fan den Manga liest – so begeistert ist er von der Geschichte.

kurz & knapp

Einfach draufgeklatscht – das könnten sich die Grafiker gedacht haben, die für die Designs der englischen Titelbilder der Editionen *Rot*, *Gelb* und *Silber* verantwortlich waren. Auf deren Covern wird das Pokémon-Logo teilweise von den Ohren Pikachus beziehungsweise Lugias oder Gluraks Kopf verdeckt.

In *Super Smash Bros. Ultimate* lassen sich die Mii-Kämpfer als Team Rocket Rüpel verkleiden. Dieses Kostüm ist sogar das einzige, das aus dem Pokémon-Universum stammt.

Das ständig schlafende Pokémon Relaxo hat stets seine Augen geschlossen, sogar beim Fressen – und Relaxo macht wenig anderes außer Schlafen und Fressen. Geht es aber mal k. o., dann öffnet Relaxo in den meisten 3D-Ablegern der Pokémon-Spiele vor Schreck kurz seine Augen.

Einfach mal entspannen

Auch Pokémon müssen mal entspannen. Wäre es nicht schön, ihnen dabei zuzusehen? Oder zuzuhören? Der offizielle japanische YouTube-Kanal macht dies möglich. Dort werden seit Januar 2020 hin und wieder ASMR-Videos hochgeladen.

Die Abkürzung ASMR steht für „Autonome sensorische Meridianreaktion" und bezeichnet ein Phänomen, bei dem durch bestimmte Geräusche oder andere Sinneswahrnehmungen ein angenehmes Gefühl beim Zuhörer ausgelöst wird. Online hat sich eine riesige ASMR-Community gebildet, und so ist es wenig verwunderlich, dass die Pokémon-Verantwortlichen die Beliebtheit hinter dem Phänomen erkannt haben.

In einem halbstündigen Video könnt ihr zum Beispiel ein Glumanda dabei beobachten, wie es das Knistern eines Lagerfeuers genießt. In einem anderen ASMR-Video begleitet ihr Bisasam beim Sammeln von Beeren, ein wieder anderer Clip hält ein Schiggy vor tropischer Strandkulisse bereit. Wer Fan der Taschenmonster und von leckerem Essen gleichermaßen ist, der findet sogar ein paar Kochvideos auf dem offiziellen Kanal. Auch in diesen Videos liegt das Hauptaugenmerk auf den entspannenden Geräuschen – und natürlich den Pokémon, die bei der Zubereitung zuschauen.

Ganz knapp

Eigentlich war in den ersten Pokémon-Spielen kein Platz mehr für weitere Taschenmonster. Nachdem die Editionen *Rot & Grün* den finalen Entwicklungsprozess durchlaufen hatten, bei dem sämtliche Daten auf Fehler überprüft und korrigiert wurden, wurden 300 Bytes an Speicher freigelegt. Der Programmierer Shigeki Morimoto nutzte dies aus, um das mysteriöse Pokémon Mew noch heimlich in die Spiele hineinzuprogrammieren. Ein riskantes Unterfangen, das eigentlich undenkbar scheint. Doch ohne Morimotos Mut wäre Mew vielleicht nie entstanden – zwei Wochen vor Ende der Entwicklung der Game-Boy-Titel hat er Mews Design überhaupt erst kreiert.

Alien-DNA

Das mysteriöse Pokémon Deoxys stammt nicht von dieser Welt. Stattdessen handelt es sich um einen Virus, der mithilfe eines Meteoriten auf die Erde gelangt ist. Nachdem ein Laserstrahl zufälligerweise in Kontakt mit der fremdartigen DNA gekommen ist, hat sich der Virus um einen Kristall geformt: So ist Deoxys entstanden. Seine Form ist wandelbar und in den Spielen der dritten Generation war diese von Edition zu Edition unterschiedlich. In späteren Ablegern wechselt seine Gestalt je nach Aufenthaltsort. Deoxys gibt es in den Formen Angriff, Verteidigung und Initiative.

Hoch die Flossen!

Tiere am Controller – oder so ähnlich. Mit „Fish Plays Pokémon" hatten zwei amerikanische Studenten ein ungewöhnliches Projekt gestartet. Sie kombinierten einen Bewegungssensor mit ihrem Aquarium und ließen so ihren Kampffisch Grayson Pokémon-Games „spielen". Je nach seiner Position im Aquarium wurde eine andere Knopf-Eingabe aktiviert. Leider starb der Fisch, ehe das Spiel beendet werden konnte. Ruhe in Frieden, Grayson!

Eine Zahl wiederholt sich

Mehr als nur Zufall: Das Pokémon Kryppuk ist eng mit der Nummer 108 verbunden. Das *Geist*-Monster besteht laut Pokédex aus 108 Seelen, die aufgrund von Untaten in den Spalt eines Steins verbannt wurden. Weil es aus so vielen Geistern besteht, spricht es in den *Pokémon-Mystery-Dungeon*-Spielen von sich selbst im Plural. Seine Basis-Verteidigungswerte liegen bei 108 und im Sinnoh-Pokédex, in dem Kryppuk seinen ersten Eintrag verzeichnete, weist es die Nummer 108 auf. Es kann in den Remakes der Editionen der dritten Generation *Rubin & Saphir* auf Route 108 gefunden werden und Kryppuk wiegt – wie sollte es anders sein – 108 Kilogramm. Die Zahl ist eine Andeutung auf die 108 Versuchungen des Lebens, denen ein Buddhist im Leben widerstehen muss, um ins Nirvana zu gelangen.

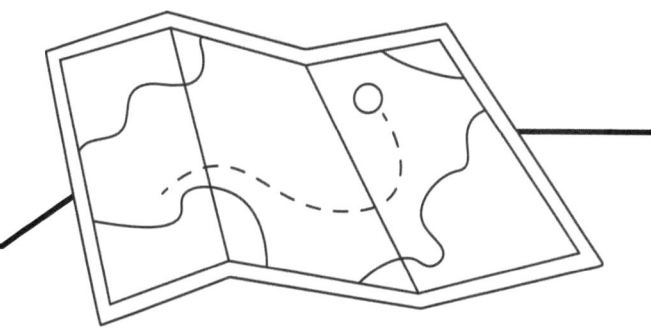

Während der Entwicklung der ersten Spiele, Pokémon Rot & Grün, arbeiteten nur etwa zehn Personen bei Entwickler Game Freak.

Die Mitarbeiter unterstützten sich über ihre Aufgabenbereiche hinaus, sodass sich beispielsweise auch Programmierer an das Designen von Taschenmonstern wagten.

Falscher Klon

Da, wo das legendäre Mewtu auftaucht, leben auch Ditto. Dies gilt sowohl für die Azuria Höhle als auch für die Pokémon Villa auf der Zinnoberinsel, wo Mew einst erfolgreich geklont wurde. Daher nehmen viele Fans an, Ditto seien die Überreste fehlgeschlagener Klonversuche und stehen in Verbindung zu Mewtu. Auf diese Theorie angesprochen verriet einer der Pokémon-Verantwortlichen, Junichi Masuda, dass er zuvor nie von dem Gerücht gehört habe und jedes Pokémon mit seinen einzigartigen Elementen für sich selbst stehe. Ist das ein klares Nein?

Mä! Mä!

Dass einige Pokémon von Tieren aus der echten Welt inspiriert sind, ist kein Geheimnis. Nachdem 1996 mit Dolly ein Schaf erfolgreich geklont werden konnte, entstanden beim Pokémon-Entwickler Game Freak erste Entwürfe für ein entsprechendes Taschenmonster. Diese wurden aber schnell wieder verworfen. Sie wurden als zu kontrovers eingestuft, denn mit dem geklonten Schaf ging eine kontrovers geführte Debatte über Ethik einher.

Echt jetzt?

In der Welt der Pokémon gibt es immer wieder Verweise auf Ereignisse in der echten Welt. So erwähnt beispielsweise in den Spielen ein Besucher des Marmoria City Museums die erste Mondlandung von 1969. Und Maike erzählt im Anime von einem Film, dessen Handlung an den Blockbuster *Titanic* erinnert.

Erfolg trotz Frust

Als The Pokémon Company im Sommer 2020 die Entwicklung eines Taschenmonster-MOBAs ankündigte, wurde das Ankündigungsvideo schnell zum unbeliebtesten Video auf dem YouTube-Kanal der Firma. Die Kritik an *Pokémon Unite* war groß: Es sehe aus wie ein billiger *League-of-Legends*-Abklatsch, der Entwickler TiMi Studio Group wurde als Teil des umstrittenen chinesischen Tech-Unternehmens Tencent skeptisch betrachtet und eine Bezeichnung als Free-to-start-Spiel stieß den Fans ebenfalls sauer auf. Das Ankündigungsvideo wurde mittlerweile vom Kanal entfernt. Nachdem *Pokémon Unite* im Sommer 2021 dann letztlich für Nintendo Switch und Smartphones erschien, ist die Kritik vor allem aufgrund der Pay-to-win-Mechanik nicht abgeflacht. Dem Erfolg tut dies jedoch keinen Abbruch, denn in den ersten neun Monaten seit Veröffentlichung wurde *Pokémon Unite* trotzdem mehr als 70 Millionen Mal heruntergeladen.

kurz & knapp

Das letzte Pokémon-Spiel, das für den Nintendo 3DS veröffentlicht wurde, war *Meisterdetektiv Pikachu* im März 2018.

Welches ist wohl das liebste Taschenmonster des Präsidenten der Pokémon Company? Da Tsunekazu Ishihara bei der Entwicklung der ersten Editionen *Rot & Grün* immer wieder das Monster Kokowei zum Testen nutzte, fällt die Wahl seines Lieblings-Pokémon auf die vielköpfige Palme.

Dient der Pokémon-Turm in Lavandia in den Generationen eins und drei verstorbenen Taschenmonstern noch als letzte Ruhestätte, wird er in den Generationen zwei und vier zu einem Radioturm umgewandelt.

Wo war Rocko?

Der ein oder andere Pokémon-Fan dürfte sich gewundert haben, als Rocko Ash und Misty in den Orange-Inseln-Abenteuern verlassen hat und der Fotograf Tracey seinen Platz einnahm. Der ehemalige leitende Regisseur und Storyboard-Artist des Animes Masamitsu Hidaka verriet in einem Interview den Grund dafür: Zu der Zeit zeichnete sich ab, dass die Marke Pokémon auch außerhalb Japans Erfolg haben würde und man fürchtete, Rocko könne aufgrund seiner mandelförmigen Augen als rassistischer Stereotyp aufgefasst werden. Daher wurde er durch den europäisch-anmutenden Tracey ersetzt. Nachdem Rocko auch auf internationaler Bühne seine Beliebtheit nachweisen konnte, fand er seinen Weg zurück in den Anime.

Erschwerter Zugriff

Im August 2009 erschienen in Japan die ersten *Pokémon-Mystery-Dungeon*-Spiele auf einer Heimkonsole. Diese drei Titel waren jedoch WiiWare-exklusiv und konnten somit nur über den Shop der Nintendo-Wii-Konsole heruntergeladen werden. Im Januar 2019 wurde dieser leider geschlossen, sodass mittlerweile nicht einmal mehr japanische Fans diese Spiele erwerben können.

Smartphone trifft Pokédex

Wer wollte nicht schon immer mit seinem eigenen Pokédex auf Reisen gehen? Samsung macht dies möglich – gewissermaßen. In Südkorea erschien im April 2022 eine Pokémon-Sonderedition des Samsung Galaxy-Z-Flip-Smartphones. Enthalten sind eine Tragetasche im Pokédex-Design, sowie Schutzhüllen, Anhänger und weitere nützliche Accessoires. Auch vorinstallierte Klingeltöne und Wallpaper lassen das Pokémon-Feeling aufkommen. Passend dazu erschienen einen Monat später Galaxy-Buds-Kopfhörer im limitierten Pokéball-Design.

Ist das vegan?

In der Welt der Pokémon gibt es einige von den Taschenmonstern hergestellte Lebensmittel, die auch Menschen genießen. Beispiele dafür sind Miltanks Kuhmuh-Milch oder die Eier von Chaneira und Heiteira. Diese Produkte stecken wohl voller Nährstoffe und sollen obendrein auch noch köstlich schmecken.

Lebendiger Tresor

Ein schwebender Schlüsselbund? Das kann nur Clavion sein. Dieses *Stahl-Fee*-Pokémon sammelt zum Vergnügen Schlüssel ein und geht sogar so weit, zu stehlen. Da es seine Sammlung wie einen Schatz bewacht, vertrauen Menschen Clavion ihre wichtigsten Schlüssel an.

(K)Ein dicker Fisch

Zählt man legendäre und Dynamax-Pokémon nicht dazu, so ist Wailord das größte aller Taschenmonster. Doch auf seine etwa 14,5 Meter Länge bringt der Wal nur knapp 400 Kilogramm Körpergewicht. Diese extremen Proportionen führten zum Gerücht, dass Wailord leichter als Luft wäre und daher schweben könne. Anhand seines 3D-Modells aus *Pokémon X & Y* wagten sich Fans an eine Rechnung, mit der die Dichte des Wals bestimmt werden sollte. Daraus ergab sich, dass die Annahme, es sei leichter als Luft, nicht bestätigt werden konnte. Zu dem Missverständnis trugen aber auch noch andere Dinge bei. So gibt es im Gamecube-Spiel *Pokémon XD: Der dunkle Sturm* einen alten Mann, der behauptet, ein fliegendes Wailord beobachtet zu haben. Auch seine englische Bezeichnung als „Float Whale" ist doppeldeutig: Es kann ins Deutsche übersetzt werden als „Schwebender Wal".

M'Lady?

Vornehme Monster: So könnte man die Starter der fünften Generation bezeichnen. Das *Pflanzen*-Pokémon Serpiroyal und seine Vorstufen basieren, wie der Name schon andeutet, auf dem französischen Adel. Der *Feuer*-Starter Flambirex ist inspiriert von einem Krieger der chinesischen Mythologie und dem Schwein des asiatischen Tierkreiszeichens. Admurai wiederum basiert auf den Samurai-Kriegern des vormodernen Japans, was sich an seinem Helm und seiner Rüstung erkennen lässt. Mit der Repräsentation der japanischen, chinesischen und westlichen Geschichte wollten die Pokémon-Verantwortlichen die Vielfalt der Bewohner der Einall-Region darstellen.

Komm jederzeit wieder vorbei

Europäische Fans haben das Nachsehen, was Pokémon Center anbelangt: In Europa gibt es keine dauerhaften Pokémon Center. Trotzdem haben Fans auch hierzulande die Chance, Merchandise in Shops zu kaufen. Im Kulturkaufhaus KaDeWe in Berlin gibt es sogar einen eigenen offiziellen Pokémon-Bereich. Begrüßt werden die Besucher dabei von einer XXL-Statue von Pikachu, wie sie auch in japanischen Pokémon Centern zu sehen ist. Auch Regale, Wände und Decken sind mit den Taschenmonstern geschmückt und lassen die Welt der Pokémon wahr werden.

kurz & knapp

Mit der Zielsetzung das flachste aller Pokémon zu entwerfen, erfand die Designerin Mana Ibe das Flunder-Monster Flunschlik.

Mit dieser Besonderheit steht Porygon-Z ganz allein da: Die letzte Stufe der Enten-Reihe ist das einzige Pokémon, das in seinem japanischen Namen einen Buchstaben eines ausländischen Alphabets aufweist. Der erste Teil seines Namens wird in japanischen Katakana-Zeichen geschrieben, denen einfach der lateinische Buchstabe Z angehängt wird.

Zur Feier des *Meisterdetektiv-Pikachu*-Films ließen sich in *Pokémon GO* Elektromäuse im Detektiv-Design fangen. Wer sein Pikachu dann weiterentwickelte, der durfte sich über ein Raichu mit Detektivmütze freuen.

Die verletzte Puppe

Das *Geist*-Pokémon Banette tritt in Gestalt einer Voodoo-Puppe auf. Tatsächlich handelt es sich um eine Spielzeugpuppe, die von ihrem Besitzer verlassen oder entsorgt wurde. Der Groll auf dieses Kind treibt Banette an. Auf der Suche nach Rache kann es jedoch aufgehalten werden. Dazu muss irgendjemand Banette gut behandeln, sodass sein Groll verfliegt und damit der Geist aus der Puppe.

Mutter und Kind

In gewisser Weise ist das Verbrechersyndikat Team Rocket ein Familienunternehmen, denn die Organisation wurde von Madame Boss, Giovannis Mutter, gegründet. Ihr einziges Interesse ist Geld, das sie am liebsten durch den Verkauf von Pokémon generiert. Sie hasst die Taschenmonster und besitzt deshalb keine. Mit dem Einfangen von Mew und Mewtu wollte sie die Welt beherrschen, was ihr jedoch nie gelang. Zu ihrem Sohn Giovanni hatte sie keine gute Beziehung und dennoch hat er ihre Nachfolge angetreten. Im Gegensatz zu seiner skrupellosen Mutter wirkt der Oberbösewicht Giovanni im Großen und Ganzen aber fast schon sympathisch, denn immerhin scheint er seinen Begleiter Snobilikat zu verwöhnen. Und auch in den Spielen kann er seine Niederlagen eingestehen, wenn auch ungern.

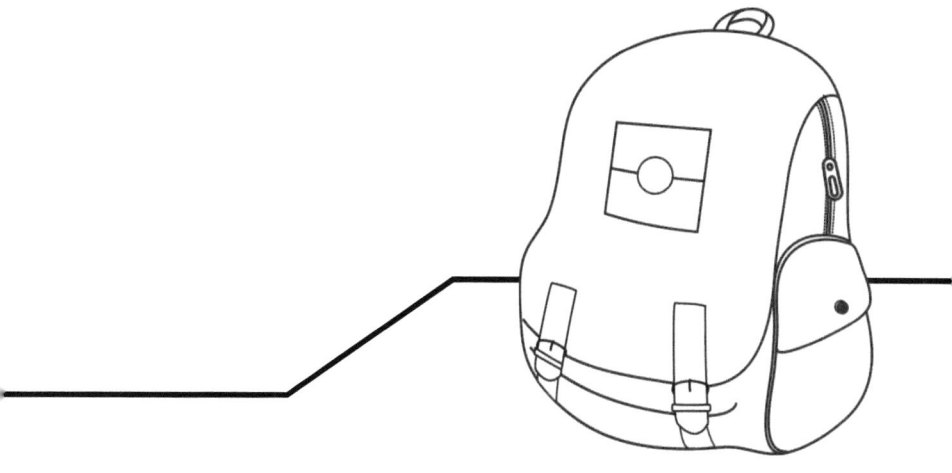

**Liest man Evoli
rückwärts, so ergeben
sich die englischen Worte
„I love" – ich liebe.**

Grüner Daumen

Pokémon oder Gießkanne? In der Welt der Taschenmonster muss man manchmal etwas genauer hinschauen. Seit der zweiten Generation tauchen im Anime, Manga oder den Spielen immer mal wieder verschiedene Gießkannen auf, die an Pokémon angelehnt sind. So existieren die Schiggykanne, die Wailmerkanne, die Entonkanne und die Loturzelkanne. In den Spielen lassen sich mit diesen Items Beeren anbauen.

Professor Eich mal zwei

Zum Verwechseln ähnlich: In der Alola-Region lebt Professor Heinrich Eich, der Cousin von Professor Eich aus Alabastia. Sie sehen sich nicht nur ähnlich, sie sind auch beide in der Forschung tätig. So untersucht Heinrich Eich besonders die regionalen Formen Alolas. Eine Sache unterscheidet die beiden Forscher dann aber doch: Heinrich ist im Anime der erste Professor, der an einer Pokémon-Liga-Konferenz teilgenommen hat.

Fliegende Steine

Seymour ist ein Forscher des Marmoria Museums für Wissenschaft, der den Ursprung der *Feen*-Pokémon Piepi am Mondberg untersucht. Seiner Theorie nach stammen Piepi und ihre Entwicklungsstufen aus dem Weltall. Mit Hilfe von Raumschiffen, die sie aus den Mondsteinen bauen, gelangen sie zur Erde – und manchmal auch wieder zurück ins All.

Das Spiel, das nie in Japan erschien

Da gingen wir ausnahmsweise mal nicht leer aus: Das N64-Spiel *Pokémon Puzzle League* erschien in Europa im März 2001. Auch nordamerikanische und australische Spieler durften sich über ihre Versionen freuen. Ungewöhnlich ist jedoch, dass das Game nicht im Ursprungsland der Taschenmonster, Japan, erschien. Das Spielprinzip beruht auf der japanischen Puzzle-Reihe *Panel de Pon*. Diese hat für eine westliche Veröffentlichung auf dem Super Nintendo und Game Boy in den Jahren zuvor bereits mit der erfolgreichen *Tetris*-Lizenz einen neuen Look verpasst bekommen. Mit *Pokémon Puzzle League* wurde dieses Puzzle-Konzept auf die Pokémon übertragen. Warum das Spiel es aber nie im Land der aufgehenden Sonne auf den Markt schaffte, ist nicht bekannt.

kurz & knapp

Farbe und Muster der Eier, aus denen Pokémon schlüpfen, haben Ähnlichkeit mit den Eiern des Nintendo-Charakters Yoshi. Dies kommt nicht von ungefähr: Pokémon-Entwickler Game Freak war schließlich schon zuvor für das Puzzle-Spiel *Mario & Yoshi* verantwortlich.

Am 6. Februar wurde Mews Klon erfolgreich geboren. Sein Name lautet Mewtu.

Maikes kleiner Bruder Max begleitet Ash und seine Truppe im Anime auf der Reise durch die Hoenn-Region. Seine Ähnlichkeit zu Nintendos ehemaligen Präsidenten Satoru Iwata kommt dabei nicht von ungefähr: Max trägt die gleiche Brille wie Iwata und wurde nach dem Vorbild seines Sohns designt.

Raketen-Mutter

Das ideale Team-Rocket-Mitglied ist niemand Geringeres als Jessies Mutter Miyamoto, denn sie hat Giovannis Mutter Madame Boss stets treue Dienste geleistet. Sie ist der erste Mensch, der Beweise für die Existenz von Mew erbracht hat. Während ihrer Expedition, das Ur-Pokémon für Team Rocket einzufangen, wurde sie offenbar von einer Lawine erfasst. Zunächst für tot gehalten, hat sie in den Folgejahren Berichte an Giovanni gesendet. Ihre Tochter Jessie hat sie zur Adoption freigegeben, damit Miyamoto ihr Geld ansparen und es später ihrer Tochter geben kann. Diese Hintergrundgeschichte findet keine Erwähnung im Anime und auch so tritt Miyamoto dort nie auf. Stattdessen ist dies die Haupthandlung der Radioshow „Mewtus Geburt", die nur in Japan ausgestrahlt wurde.

Von der Frucht zum Ball

Wegen ihrer harten Schale eignen sich die Aprikoko-Früchte hervorragend zur Nutzung als Pokéball. Irgendwann zwischen der Zeit vor 400 und 700 Jahren wurden in der Johto-Region die ersten Pokébälle aus Aprikokos gefertigt. Moderne Pokébälle benötigen keine Früchte zur Herstellung und wurden bereits vor etwa 300 Jahren erfunden. Dennoch gibt es auch heute noch Spezialisten wie Kurt aus Azalea City, die Aprikokos bearbeiten.

Kampffisch, der Entdecker

Im Oktober 2020 entdeckte ein japanischer Streamer einen Spielfehler im Game-Boy-Advance-Titel *Pokémon Saphir* – na ja, nicht ganz. Vielmehr entdeckte sein Kampffisch den bislang unentdeckten Bug. Dieser aktivierte die Tasteneingabe in einem Emulator über die Position in seinem Aquarium und steuerte so die Spielfigur. Und irgendwie schaffte dieser Fisch es, einen eigentlich verschiebbaren Felsen zu duplizieren. Dies machte ein Weiterkommen im Spiel unmöglich. Der Fehler wurde zuvor noch in keinem Fan-Forum oder anderen Plattformen erwähnt, sodass der Kampffisch als Entdecker gilt.

Vegetarische Dinos

Pokémon zum Verspeisen – Andeutungen darauf gibt es so einige. Doch im Laufe der Zeit haben diese abgenommen. Grund dafür ist wohl, dass die Taschenmonster oft vermenschlicht werden und der Gedanke, seinen Pokémon-Begleiter zu verputzen, nicht gerade gut ankommt. Da ist es auch wenig verwunderlich, dass die Essgewohnheiten so mancher Monster geändert wurden. Ein gutes Beispiel dafür ist der *Flug*-Dino Aerodactyl: In den Anfangszeiten von Pokémon wurde er im Anime oder in Pokédex-Einträgen noch als fleischfressender Jäger dargestellt, doch in neueren Medien verspeist er lieber Früchte.

Zusammen sind wir stark

Gemeinsam ein Einzelspieler-Spiel daddeln? Der Livestream-Kanal „Twitch Plays Pokémon" macht's möglich und hat dabei sogar einen Weltrekord aufgestellt. Über den Chat können Zuschauer Kommandos eingeben, die der Avatar dann in dem Game-Boy-Spiel *Pokémon Rote Edition* ausführt. Mit knapp 1,2 Millionen Teilnehmern hält das Projekt den Rekord für „die meisten Teilnehmer an einem Einzelspieler-Online-Videospiel". Nach etwas über 16 Tagen wurde *Pokémon Rot* am 1. März 2014 auf diese Weise durchgespielt.

Der letzte Tropfen

Im Rahmen der Veröffentlichung von *Pokémon Schwarz & Weiß* hat Chefdesigner Ken Sugimori gemeinsam mit seinen Kollegen Einblicke in die Gestaltung einiger Taschenmonster gegeben. Dabei haben sie auch verraten, dass bei der Kreation der Starter-Pokémon die *Feuer*- und *Pflanze*-Starter normalerweise keine Probleme bereiten – ganz anders als der *Wasser*-Typ. An Ideen mangelt es wohl nicht, doch die ersten Entwürfe sehen meist unpassend und seltsam aus. Daher ist der *Wasser*-Starter üblicherweise der letzte, der fertiggestellt wird.

Kaum zu trennen

Eine besondere Art von Gemeinschaft gehen der Fisch Remoraid und der Rochen Mantax ein. Sie leben so eng beisammen, dass Mantax bis zur dritten Spielgeneration stets mit einem Remoraid unter der Flosse dargestellt wurde. Diese Darstellung war einzigartig, denn kein anderes Pokémon sonst wurde mit einem anderen Taschenmonster gemeinsam abgebildet. Die Symbiose geht sogar so weit, dass sich die Baby-Form Mantirps nur dann zu einem Mantax weiterentwickelt, wenn ein Remoraid bei einem Level-Up im Team anwesend ist.

Auch Lahmus und Laschoking haben eine besondere Beziehung zu einem anderen Pokémon: Muschas. Wird die Vorstufe Flegmon an seinem Schwanz beziehungsweise Kopf von dem Muschel-Monster geschnappt, entwickelt es sich zu seiner jeweiligen Form weiter. Dabei verändert sich jedoch Muschas' Aussehen so enorm, dass es nicht mehr wiederzuerkennen ist. In der Galar-Form verbeißen sich Muschas übrigens in Flegmons Arm, sodass das Galar-Lahmus zwar einen freiliegenden Schwanz, aber dafür nur einen freien Arm zur Verfügung hat.

Verzählt?

Das Baby-Pokémon Togepi hat die Nummer 175 im Pokédex. Im DVD-Menü des ersten Pokémon-Films wird es jedoch mit der Nummer 152 gelistet. Der Film ist Teil der ersten Generation, die nur Pokémon bis zur Nummer 151 enthält. Da Togepi zur zweiten Generation gehört, aber vorher schon auftaucht, wurde es zunächst wohl einfach numerisch angepasst.

Elektrische Maus, oder?

Ganz eindeutig eine Maus! Oder doch nicht? Atsuko Nishida designte in den 1990er-Jahren das Serienmaskottchen Pikachu. Heutzutage wird es auch offiziell als elektrische Maus bezeichnet. Doch Nishida hatte bei ihren Entwürfen eigentlich ein anderes Tier im Kopf. Zu dieser Zeit war sie nach eigener Aussage einem regelrechten Eichhörnchen-Boom verfallen und dies macht sich in Pikachus Design bemerkbar. Deutlich wird das an seinen roten Backentaschen und dem markanten, langen Schwanz. Den Entwurf nannte Nishida schließlich kurzerhand Pikachu – „Pika" bezeichnet in japanischer Lautmalerei etwas Elektrisches und „Chu" fand sie als Endung passend. Jedoch bezeichnet dies im Japanischen auch das Geräusch, das Mäuse machen. Chefentwickler Satoshi Tajiri ging daher davon aus, dass es sich um eine elektrische Maus handeln müsse. Dies wurde schließlich auch offizieller Kanon.

Eigentlich Nummer Zwei

Gestein-Pokémon und Zucht – in diesen beiden Punkten ist der Arenaleiter von Marmoria City, Rocko, Experte. Wer sein Abenteuer in der Kanto-Region beginnt, der erhält bei ihm seinen ersten Arenaorden. Ursprünglich war Rocko jedoch als Arenaleiter Nummer zwei geplant. Aus Konzeptzeichnungen geht hervor, dass ein namenloser junger Trainer eigentlich der erste Leiter werden sollte. Wahrscheinlich hätte man diesen in der Arena von Vertania City herausfordern können. Diese wurde jedoch stattdessen zu Arena Nummer acht erklärt, die der Spieler als letztes bezwingen muss. Darin wartet anschließend kein junger Trainer mehr, sondern der Boss der Verbrecherorganisation Team Rocket, Giovanni.

Lang lebe der Biber!

Jeder liebt Bidiza! Zur Feier des kleinen Bibers hat die Pokémon Company den offiziellen Bidiza-Day ausgerufen. Seit dem 1. Juli 2021 feiern Trainer weltweit das Pokémon der vierten Generation – von Events im Smartphone-Hit *Pokémon GO* über exklusives Merchandise. Warum ausgerechnet der 1. Juli zum Bidiza-Tag erklärt wurde, ist nicht bekannt. Doch Theorien gibt es zur Genüge, so ist es beispielsweise gleichzeitig der Nationalfeiertag Kanadas – und dessen Wappentier ist ein Biber.

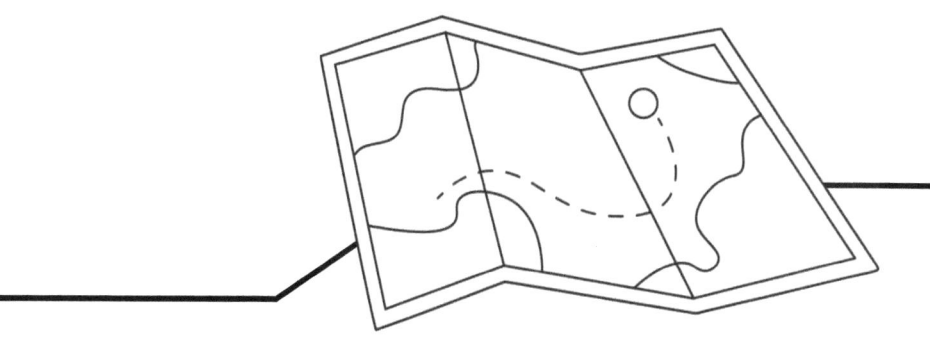

Arceus gilt als Gott unter den Pokémon, denn es schlüpfte Mitten im Nichts aus einem Ei und erschuf mit seinen tausend Armen das Universum und allem darin.

Interessanterweise wird es jedoch nie mit Armen dargestellt und ist trotz seiner Rolle als Schöpfer kein legendäres, sondern nur ein mysteriöses Pokémon.

Heute Ofen, morgen Rasenmäher

Was ergibt „Motor" rückwärts gelesen? Rotom! Das *Elektro-Geist*-Pokémon ist bekannt dafür, in Maschinen einzudringen und so seine Form zu verändern. Dabei ändert sich auch sein Zweittyp, beispielsweise weist ein besetzter Kühlschrank – ein *Frost*-Rotom – die Typ-Kombination *Elektro-Eis* auf. In den Spielen der achten Generation besetzt Rotom das Smartphone des Spielers und im Anime und den Games der Generation sieben tritt es als Pokédex auf, der die Sprache der Menschen spricht.

Verbotszone

Man könnte meinen, die Taschenmonster wären überall auf der Welt beliebt. Im Jahr 2001 jedoch begann Saudi-Arabien damit, das Pokémon-Franchise in seinem Land zu verbieten. Die höchste religiöse Instanz des Landes bezeichnete die japanische Marke als Werbung für Glücksspiel. Außerdem würde Pokémon Darwins Evolutionstheorie unterstützen. Als Folge wurde das Franchise in den meisten arabischen Staaten verboten. Zwar sind mittlerweile mancherorts wieder Spiele oder Sammelkarten erhältlich, besonderer Beliebtheit erfreuen sich die Taschenmonster dort jedoch nicht.

Nicht alles bleibt gleich

Seitdem die ersten Pokémon-Sammelkarten im Oktober 1996 in Japan veröffentlicht wurden, hat sich in der Welt einiges geändert – von den Karten lässt sich das auch sagen. Im Laufe der Zeit wurden ihre Designs angepasst und das Sammelkartenspiel wurde um neue Energie-Karten ergänzt. Doch die Rückseiten blieben gleich – zumindest fast.

Das Design der internationalen Sammelkarten besteht seit ihrer Veröffentlichung 1999 unverändert und zeigt zwei Pokémon-Logos um einen sich öffnenden Pokéball herum, der sich in der Luft dreht und zur Seite zeigt. Der Hintergrund besteht aus blauen und weißen Luftwirbeln.

In Japan wiederum bestehen zwei unterschiedliche Rückseiten. Von 1996 bis 2002 zierte ein sich öffnender Pokéball auf dunkelblauem Hintergrund die Karten. Der Ball ist von einem goldenen *Pocket-Monsters*-Schriftzug umgeben. Seit 2002 jedoch näherte man sich in Japan dem internationalen Design an. Die beiden Pokémon-Logos wurden übernommen, doch hier zeigt der Pokéball nach Vorne und ist umgeben von farbigen Sphären. Diese beleuchten den blauen Hintergrund bunt. Am markantesten ist wahrscheinlich jedoch der goldfarbene Rand der Karte. Ganz schön edel!

Eine neue Kampfmechanik

Hattet ihr schon immer das Gefühl, dass sich die Kampfmechanik in *Pokémon Stadium* für das N64 von der in den Game-Boy-Ablegern unterscheidet? Dann haben euch eure Sinne nicht getäuscht. Dem damaligen Entwickler des N64-Kampfspiels Satoru Iwata wurden wichtige Dokumente vonseiten Game Freaks nicht zugesandt. Somit hatte Iwata keine Unterlagen zur Kampfmechanik von Pokémon. Also untersuchte er kurzerhand die Duelle in *Pokémon Rot & Grün* so ausführlich, dass er daraus abgeleitet eine eigene Kampfmechanik entwickelte. Diese in *Pokémon Stadium* einzubauen, kostete ihn lediglich eine Woche.

Die Monster, die keiner kennt

Was sind denn das für komische Viecher? Diese Frage dürften sich Nutzer der Game Boy Camera gestellt haben, die im Sommer 1998 in Europa erschien. Mit der Kamera für den Game Boy konnten Nutzer digitale Fotos schießen und diese mit virtuellen Stickern verziehren. Bei den Stickern gab es auch einige Abbildungen mit Pokémon. Damals waren die Taschenmonster aber hierzulande noch unbekannt: Mit den Editionen *Rot & Blau* erschienen die ersten Pokémon-Hauptspiele erst über ein Jahr später im Herbst 1999. So kam es, dass quasi die Game Boy Camera die Pokémon nach Deutschland brachte.

kurz & knapp

Obwohl die Organisation Team Rocket nach ihren wiederholten Niederlagen eigentlich aufgelöst wurde, formt sich in der Alola-Region das Nachfolgesyndikat Team Rainbow Rocket.

Geheimkarten sind Sammelkarten, die nicht in der offiziellen Auflistung einer Erweiterung enthalten sind.
Ein Beispiel dafür ist das schillernde Garados aus der Serie *Neo Entdeckung*, das die Nummer 65/64 trägt.

Normalerweise erscheinen Spiele der Pokémon-Reihe paarweise für das gleiche Gerät. Die bislang einzige Ausnahme bilden die ersten Ableger von *Pokémon Mystery Dungeon*.
Team Rot erschien nur für den Game Boy Advance, wohingegen *Team Blau* nur für den Nintendo DS erhältlich ist, obwohl sie gleichzeitig veröffentlicht wurden.

Super Pokémon Maker

Eigene Level bauen? *Super Mario Maker* macht's möglich. Doch in dem Wii-U-Spiel dürft ihr die Eigenkreationen nicht nur mit dem italienischen Klempner bestreiten. Habt ihr zum Beispiel ein paar Amiibo-Figuren aus der *Super Smash Bros.*-Reihe in eurem Regal stehen, könnt ihr diese einscannen. Dadurch lassen sich dann die Pokémon Pikachu, Glurak, Quajutsu, Lucario, Pummeluff und Mewtu als Spielfiguren freischalten. Wer es schaffte, im Februar 2016 die Pokémon-Spezialstage zum 20-jährigen Taschenmonster-Jubiläum abzuschließen, der durfte ein neues Pokémon-Kostüm wählen. Da die Stage an Professor Eichs Labor angelehnt war, standen natürlich Bisasam, Glumanda und Schiggy zur Auswahl.

Härter, Stärker, Besser

Um das mächtigste Pokémon zu erschaffen, rekonstruierte Team Plasma ein Fossil, aus dem dann der mysteriöse Insekten-Krieger Genesect entstand. Der vermeintliche Anführer N löste das Projekt eigentlich auf, da er es für moralisch verwerflich hielt. Einer der Wissenschaftler arbeitete jedoch im Geheimen weiter und stattete Genesect so mit seinem Metallpanzer aus.

Schwarz-Weiß

Normalerweise treten Team Rocket Rüpel in schwarzen Uniformen auf. Doch das Trio Jessie, James und Mauzi, das hinter Ashs Pikachu her ist, ist für seine weiße Tracht bekannt. Nachdem sie später im Anime vom Rocket-Boss Giovanni befördert werden, beginnen Jessie und James, ebenfalls schwarze Uniformen zu tragen. Dies währt jedoch nur kurz, da sie Giovanni enttäuschen und degradiert werden. Sie streifen daraufhin wieder die weißen Anzüge über und begeben sich erneut auf die Jagd nach Pikachu. Vielleicht kamen die schwarzen Uniformen auch einfach nicht gut bei den Zuschauern an, denn die weiße Montur hat bei den Fans Kultstatus inne.

Kämpfe mal anders

Von Pinball bis Fotosafari – die Pokémon-Reihe hat so einige kuriose Titel vorzuweisen. Mit *Pokkén Tournament* trifft das Taschenmonster-Universum auf das Spielprinzip der *Tekken*-Prügler. Nachdem erstmals im Juli 2015 Arcade-Versionen ihren Weg in japanische Spielhallen gefunden hatten, erschien das Spiel einen Monat später auf der Wii U. Mittlerweile wurde es sogar auf die Nintendo Switch portiert. Über 20 unterschiedliche Monster können sich in Eins-gegen-eins-Kämpfen miteinander messen und erhalten Unterstützung von zahlreichen Helfer-Pokémon.

kurz & knapp

Schwarzes Schaf mit weißem Pelz – das ist das beliebte Pokémon Wolly. Interessanterweise hat es in seiner schillernden Form weiße Haut und schwarzen Pelz.

Bei dem roten Garados am See des Zorns handelt es sich um ein schillerndes Pokémon. Seine Farbe entsteht durch eine erzwungene Entwicklung, bei der die Vorstufe Karpador nicht genug Kraft aufbringen konnte, das typische Blau eines Garados anzunehmen.

Team Crypto, das in den Gamecube-Spielen *Pokémon Colosseum* und *XD: Der dunkle Sturm* die Taschenmonster mit ihrer dunklen Technologie korrumpiert, wenden im Gegensatz zu anderen Verbrecherorganisationen im Pokémon-Universum physische Gewalt an. Auch die korrumpierten Crypto-Pokémon greifen Menschen an.

Blick in die Röhre

In Europa erschien im Frühling 2004 mit *Pokémon Channel* ein etwas anderes Spiel für den Nintendo Gamecube. Gemeinsam mit seinem Gefährten Pikachu erkundet der Spieler darin Emeraltal und lernt dabei wilde Pokémon kennen. Diese verteilen Karten, die es zu sammeln gilt. Den Höhepunkt des Spiels stellt jedoch der Fernseher dar: Durch Betrachten der verschiedenen Kanäle können Ereignisse in der Welt ausgelöst und Minispiele absolviert werden. Da *Pokémon Channel* in Echtzeit abläuft, können frühestens nach einer Woche alle Kanäle betrachtet und so letztlich das mysteriöse Monster Jirachi freigeschaltet werden.

Schiefe Töne

Pummeluff ist nicht das einzige Pokémon, dessen Gesang eher gemischt aufgenommen wird. In den frühen 2000er-Jahren hatte das Musical *Pokémon Live!* einige Aufführungen in Ländern wie den USA, Portugal oder Belgien. Es basiert auf dem Anime und somit auf den Abenteuern von Ash Ketchum und seinen Freunden. Das Musical sollte auch als Film auf VHS-Kassette veröffentlicht werden – doch der finanzielle Erfolg blieb aus. Hinzu kam, dass auch Kritiker wenig begeistert von den Darbietungen waren. Schließlich wurde das Projekt 2002 wieder eingestampft.

Frei erfunden

Eine im Internet weitverbreitete Legende ist die zum Lavandia-Syndrom. Dieser unheimlichen Sage nach wurden hunderte japanische Kinder in den Suizid getrieben, nachdem sie die Stadt Lavandia in den ersten Editionen *Rot & Grün* betreten hatten. Angeblich würde die Hintergrundmusik des Orts binaurale Beats enthalten: Töne, die in unterschiedlichen Frequenzen auftauchen. Diese Geschichte ist jedoch genau das – eine gruselige Legende ohne Wahrheitsgehalt.

Ungelüftet im TV

Auf Ashs Reisen durch Johto spielt der mysteriöse GS-Ball zunächst eine wichtige Rolle. Professor Eich hat ihn darum gebeten, den Ball zum Spezialisten Kurt in Azalea City zu bringen. Anschließend wurde im Anime jedoch nie aufgeklärt, was es mit dem GS-Ball auf sich hat. Aus dem Pokémon-Manga geht hervor, dass der Ball aus Federn der legendären Monster Lugia und Ho-Oh besteht, um das mysteriöse Celebi zu versiegeln. Da dieses der Star des vierten Films ist, wollte man ihm mit der Enthüllung des GS-Balls im Anime nicht die Show stehlen.

Im November 1999 zierten Pikachu und seine Freunde die Titelseite des renommierten Time Magazines.

Damit ist Pokémon das erste Videospiel, dem diese Ehre zuteilwurde.

Das Zombie-Pokémon

Ein hervorragender Wirt: Das Insekten-Pokémon Paras ist für die Pilze auf seinem Rücken bekannt, die direkt nach seiner Geburt beginnen zu wachsen. Diese saugen die Nährstoffe aus dem kleinen Käfer aus und wachsen mit Paras an. Nach seiner Entwicklung zu Parasek sind die Pilze vollkommen ausgebildet und überziehen den gesamten Rücken des Pokémons. Doch damit nicht genug: Parasek ist so von dem Pilzparasiten eingenommen, dass dieser die Kontrolle über Paraseks Gehirn übernimmt und es zu seinem Zombie-Sklaven macht – das erklärt wohl auch seine leblosen Augen. Die Idee dahinter stammt aus der Natur: Es gibt tatsächlich einen Pilz, der Ameisen befällt. Der Pilz nistest sich auf dem Körper der Ameise ein und übernimmt alle Handlungen des Insekts – ganz wie bei Parasek.

Der Miauz-Orden

Bisher waren im Anime alle Arenaleiter menschlich, oder? Nicht ganz, denn als Ash um den Erdorden kämpfen möchte, ist Giovanni nicht in seiner Arena vorzufinden. Stattdessen wird er vom Rocket-Trio vertreten. Damit sind nicht nur Jessie und James einmal Arenaleiter gewesen, sondern auch Mauzi – das bislang erste und einzige Pokémon in der Rolle eines Arenaleiters.

Süßes oder Saures

Bei Knapfel handelt es sich um einen ungewöhnlichen Lindwurm, der sich in das Innere eines Apfels verkriecht. Gibt man ihm einen sauren Apfel, entwickelt es sich zu dem *Pflanze-Drache* Drapfel, bei einem süßen Apfel jedoch zu Schlapfel. Obwohl es sich um völlig unterschiedliche Pokémon handelt, teilen sie sich die identische Gigadynamax-Form.

Nehmen und Geben

So ein besonderes Geschenk wünscht sich wohl jeder Pokémon-Trainer: Zum 60. Geburtstag von Pokémon-Company-Mitgründer Tsunekazu Ishihara im Jahr 2017 erhielt jeder Mitarbeiter eine ganz besondere Sammelkarte. Sie kann gespielt werden wie eine Monsterkarte, doch Ishihara höchstpersönlich ziert diese ungewöhnliche Karte. Darauf hält er einen Meisterball in der einen und ein Rotom in der anderen Hand. Mit einem Angriff von 1.060 sieht nicht nur jeder Gegner alt aus – die Karte lässt euch 60-mal eine Münze werfen und bei jedem „Kopf" dürft ihr ein Geschenk öffnen. Eine von Ishihara unterschriebene Sammelkarte erzielte bei einer Auktion im April 2021 einen Verkaufspreis von rund 250.000 US-Dollar. Ob sich die Münzwürfe mehr gelohnt hätten? Unwahrscheinlich ...

Wildes Herumspringen

Ein Spinoff-Spiel im wahrsten Sinne des Wortes: In *Pokémon Pinball* für den Game Boy Color werden die Pokébälle regelrecht über den Spieltisch gewirbelt. Zwei Felder in den Designs rot und blau erinnern an die erstmals in Europa erschienenen Editionen und zahlreiche Bonus-Level rund um beliebte Monster wie Gengar oder das legendäre Mewtu sorgen für genügend Abwechslung. Doch wozu benötigt das Spielmodul eine eigene AAA-Batterie? Als *Pokémon Pinball* im Oktober 2000 bei uns erschien, war es eins der ersten Game-Boy-Spiele mit eigener Vibrationsfunktion. Der drei Jahre später veröffentlichte Nachfolger *Pokémon Pinball Rubin & Saphir* kam auf einem normalen Game-Boy-Advance-Modul daher und hatte keine batterieunterstützte Vibrationsfunktion – der Game Boy Player für den Nintendo Gamecube konnte diese jedoch auf dem Controller simulieren.

Verschiedene Klamotten

Ziemlich vielseitig: Burmy ist eine kleine, schwarze Raupe, die sich abhängig von der Umgebung mit Pflanzen, Sand oder Müll umhüllt. Auch die weibliche Weiterentwicklung Burmadame umhüllt sich mit so einem Schutzmantel. Burmys männliche Evolution Moterpel kommt als ausgewachsene Motte offenbar hervorragend ohne eine solche Hülle klar.

kurz & knapp

Wenn das Meteoriten-Pokémon Meteno die Hälfte seiner Lebenspunkte verliert, dann wirft es seine steinerne Hülle ab und offenbart seinen Kern. Dieser leuchtet in einer der sieben Farben des Regenbogens, abhängig davon, welche Art von Staub Meteno beim Eintritt in die Atmosphäre gegessen hat.

Der Arenaleiter Major Bob wurde in frühen japanischen Pokémon-Spielen als blitzschneller Amerikaner beschrieben, der in der US-Armee Dienst leistete. Wahrscheinlich stammt er ursprünglich aus der von New York inspirierten Einall-Region, in der vor einiger Zeit noch Krieg herrschte – in dem auch Major Bob diente.

Nur die ersten drei Pokémon-Filme liefen in Deutschland in Kinos an. Ab dem vierten Film erfolgte kein Vertrieb mehr auf der großen Leinwand.

Schland

Obwohl einige Orte der Pokémon-Welt auf der echten Welt beruhen, kommen deutsche Elemente bislang kaum vor. Der Cameran-Palast, der den Handlungsort des Films *Lucario und das Geheimnis von Mew* darstellt, liegt in der Kanto-Region. Doch seine Vorlage liegt ausnahmsweise in Deutschland: Der Palast beruht auf dem berühmten Schloss Neuschwanstein.

Auf Namenssuche

Auf der ganzen Welt haben die Menschen schon von Pokémon gehört, doch in ihrem Ursprungsland Japan haben die beliebten Taschenmonster noch einen anderen Namen. Dort wird die Erfolgsmarke auch als *Pocket Monsters* vertrieben. Für eine internationale Veröffentlichung sollte aber die Abkürzung Pokémon herhalten. Grund dafür war die erhoffte Umgehung eines Rechtsstreits mit dem US-Unternehmen Morrison Entertainment Group, das im Jahr 1990 das Medien-Franchise *Monster in my Pocket* ins Leben rief – die Pokémon-Verantwortlichen befürchteten aufgrund der Ähnlichkeit zum in Japan geläufigen Namen *Pocket Monsters* eine Klage. Und tatsächlich: Morrison klagte Nintendo im März 2000 an – verlor jedoch den Rechtsstreit.

November ist Poké-Monat

Das Thanksgiving-Fest wird in den USA im November gefeiert und hat dort einen hohen kulturellen Stellenwert – höher noch als bei uns Weihnachten. Daher ist es auch kaum verwunderlich, dass der November die Hauptumsatzzeit für Konsumgüter aller Art darstellt. Wahrscheinlich erscheinen die Pokémon-Spiele der Hauptreihe wohl auch deshalb meistens im November. Die USA sind ein wichtiger Absatzmarkt für die Marke. Dass Weihnachten nur einen Monat später ist, dürfte sich wohl ebenfalls positiv auf die Pokémon-Verkaufszahlen auswirken.

Doppelt hält besser

Remakes alter Spiele sind im Videospiel-Kosmos nicht ungewöhnlich und auch die ersten vier Pokémon-Generationen wurden bereits mit Neuauflagen bedacht. Davon sind die Editionen der ersten Generation die bislang einzigen, die sogar zwei Neuauflagen erhielten: Im Oktober 2004 erschien *Pokémon Feuerrot & Blattgrün* für den Game Boy Advance, im November 2018 *Pokémon Let's Go Pikachu & Evoli* für die Hybridkonsole Nintendo Switch.

Zwei Kugeln ohne Waffel, bitte!

Generation eins enthält lediglich zwei Pokémon vom Typ *Eis*: Rossana und Arktos. Dies macht *Eis* zum seltensten Typ in den ersten Editionen. Platz zwei teilen sich die Typen *Drache* und *Geist* mit jeweils drei Typ-Vertretern. Dazu gehören die Entwicklungsreihen von Dratini und Nebulak.

Von Trios und mehr

Nicht wenige legendäre Pokémon treten als Trio auf, ein bekanntes Beispiel dafür sind die legendären Vögel Arktos, Zapdos und Lavados. Von der ersten bis zur siebten Generation ist mit jeder weiteren mindestens ein zusätzliches Trio dazugestoßen. Einige Trios wurden im Laufe der Zeit sogar erweitert, wie die Titanen um Regirock, Regice und Registeel, zu denen mit der achten Generation Regieleki und Regidrago stießen.

Immer wieder süß

Jede neue Pokémon-Generation bietet eine Sache garantiert: Taschenmonster, die dem Maskottchen Pikachu ziemlich ähnlich sind. Meist vom Typ *Elektro*, mit Pausbäckchen und vor allen Dingen niedlich müssen sie sein. Tatsächlich liegt ihre Hauptaufgabe darin, nicht stark, sondern putzig zu sein. Dies hat der ikonische Pokémon-Designer Ken Sugimori über die Pikachu-Klone verraten. Taschenmonster, die in Pikachus Fußstapfen treten sollen, sind beispielsweise Dedenne aus der sechsten Spielgeneration. Die dritte Generation hat mit Plusle und Minun sogar zwei niedliche Klone erhalten.

Faul aber oho

Bloß nicht zu viel Action – so könnte das Motto des Faultier-Pokémons Letarking lauten. Das Yeti-ähnliche Monster ist so träge, dass es sich für seine Angriffe reichlich Zeit lässt. So kann es in den Spielen nur jeden zweiten Zug angreifen, denn in den Zwischenrunden setzt es aus Faulheit aus. Dafür gleicht Letarking dies mit seinen unglaublichen Werten aus: Es hat die höchsten Basiswerte aller nicht mythischen, legendären oder Mega-entwickelten Pokémon.

kurz & knapp

Obwohl im Anime zuvor bereits alternative Formen von Pokémon zu sehen waren, ist Ashs rot-geflügeltes Noctuh das erste schillernde Monster mit einem Auftritt. Kein anderes Shiny tritt so häufig im Anime auf.

Tränke, Pokébälle und allerlei nützliche Items – in der Pokémon-Welt stellt die Silph Co. all diese Produkte her. Kein Wunder also, dass das berüchtigte Team Rocket das Hauptquartier des Unternehmens in Saffronia City besetzt.

Das Transformations-Pokémon Ditto nimmt die Gestalt von Objekten oder anderen Monstern an, um sich zu tarnen. Dabei behält es jedoch sein Gesicht bei – winzige Augen und schmale Lippen: Eine Eigenschaft, die beispielsweise im Anime oder in Sammelkarten porträtiert wird, so aber nicht in den Pokémon-Spielen vorkommt.

Das können wir uns sparen

Japanische Poké-Fans werden regelmäßig mit ausgefallenem Merchandise beglückt. Egal, ob Sofas in Form von Bauz oder Relaxo, Enton-Teekannen oder Gengar-Kissen, deren 170 Zentimeter lange Zungen ausrollbar sind – im Heimatland der Pokémon erscheinen immer wieder ungewöhnliche Fan-Artikel. Zum Glück für unsere Geldbeutel finden die Artikel selten ihren Weg nach Europa, denn wer hat schon ein paar Hundert Euro übrig für einen Safcon-Schlafsack?

Alles bleibt so, wie es ist

Die meisten Pokémon nehmen bei ihrer Entwicklung an Größe und Gewicht zu – die meisten, aber nicht alle. Der Geist Nebulak und seine nächste Stufe Alpollo wiegen beide nur etwa 100 Gramm. Auch bei Sleima und seiner Weiterentwicklung Sleimok gibt es keine Gewichtsveränderung, beide bringen 30 Kilogramm auf die Waage. Nehmen wir das Maßband heraus, finden wir außerdem Kandidaten für die Liste der nicht-wachsenden-Pokémon. Der Käfer Purmel sowie sein Nachfolger Puponcho sind rund 30 Zentimeter groß. Das Zahnrad-Monster Kliklak und die Weiterentwicklung Klikdiklak begnügen sich mit dem Doppelten. Und das Schwert-Ungeheuer Gramokles sowie seine Folgestufe Duokles sind beide immerhin 80 Zentimeter groß.

Legendär anders

Das ein oder andere legendäre Pokémon tritt in verschiedenen Formen auf, gute Beispiele dafür sind die Protomorphose-Formen von Kyogre und Groudon. Mit der Erweiterung *Die Schneelande der Rüstung* für *Pokémon Schwert & Schild* kamen erstmals regionale Varianten von legendären Monstern dazu. Das Vogel-Trio Arktos, Zapdos und Lavados hat regionale Galar-Formen erhalten, die sich nicht nur äußerlich deutlich von den Kanto-Vögeln unterscheiden. Auch ihr Typ wurde von *Eis*, *Elektro* und *Feuer* zu *Psycho*, *Kampf* und *Unlicht* geändert, wobei der Zweityp *Flug* beibehalten wurde.

Keine Straße des Ruhms

Wo ist denn die Elite hin? Die Galar-Region stellt den Schauplatz der achten Generation dar und ist die erste Region der Hauptspiele, in der die Pokémon-Liga nicht aus den Top Vier besteht. Stattdessen wird der Champion in einem Turniersystem ermittelt. Ohne Top Vier lohnt sich auch keine Siegesstraße, die zur Elite führt. Somit ist Galar auch die erste Region, die ohne ein solch besonders herausforderndes Gebiet auskommt.

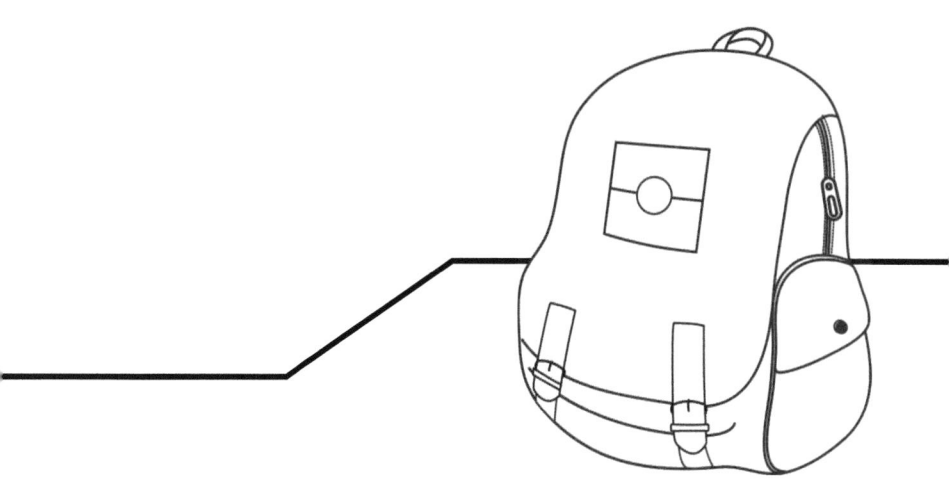

**Als die Designerin von
Pikachu Atsuko Nishida
nach ihrem Lieblings-
Pokémon gefragt wurde,
nannte sie ein gar kein so
süßes Taschenmonster.
Ihre Wahl fällt auf den
Feuerdrachen Glurak,
der ebenfalls von ihr
entworfen wurde.**

Ein persönliches Geheimnis

Ashs enger Freund Rocko hat laut eigener Aussage einen Nachnamen – den er aber nicht verraten will. Sein englischer Synchronsprecher Eric Stuart hat 2006 in einem Interview offenbart, dass der Nachname Harrison laute. Rockos vollständiger englischer Name wäre demnach Brock Harrison – sein Nachname in der deutschen Version bleibt aber weiterhin ein Geheimnis.

Kampf um das Sorgerecht

Im Grandpa Canyon findet Ash ein Pokémon-Ei, das vom Team-Rocket-Trio gestohlen wird. Mauzi kümmert sich zunächst liebevoll darum, doch während einer Rauferei mit Ash und seinen Freunden verlieren alle den Überblick und Togepi schlüpft unwillkürlich aus dem Ei. Anschließend tragen Ash, Rocko, Misty und Mauzi ein Turnier darum aus, wer künftig Togepis Trainer sein wird. Obwohl Ash das Mini-Turnier gewinnt, sucht das Baby-Pokémon Togepi Mistys Nähe – zum Bedauern der Anderen. Ungewöhnlicherweise ist es damit das einzige von Mistys Pokémon, das weder vom Typ *Wasser* ist, noch sich in ein Monster vom Typ *Wasser* entwickelt – und das, obwohl gerade das Mistys Spezialität ist.

DJ Eich

Ist Professor Eich in der Kanto-Region vor allem als Pokédex-Erfinder bekannt, erkennt man ihn in Johto am ehesten an seiner Stimme. Denn in der Region, die den Schauplatz der zweiten Pokémon-Generation darstellt, moderiert er gemeinsam mit Margit die Radioshow „Professor Eichs Pokémon-Talk". Spieler der Editionen *Gold*, *Silber* und *Kristall* sowie der Remakes *HeartGold & SoulSilver* können diese Show über den PokéCom empfangen. Dort sprechen Eich und Margit über unterschiedliche Pokémon und ihre Fundorte. Im Anime und Manga gilt Margit als Star und führt Interviews mit berühmten Persönlichkeiten wie Arenaleitern. Ihr Studio befindet sich im Dukatia City Radioturm, von wo aus die Show ausgestrahlt wird.

Mehr als k. o.

Grundsätzlich ist die Pokémon-Reihe ziemlich kindgerecht und trotz ihrer Grundlage – gegeneinander kämpfende Monster – wird eine relativ friedvolle Welt skizziert. Der Manga stellt dieses Image jedoch etwas auf den Kopf. Hier werden die Kämpfe detaillierter dargestellt: Teilweise gehen Pokémon nicht nur k. o., sie sterben sogar. Wie in Kapitel 14, als ein Glutexo die Kobra Arbok mit seinen Klauen zweiteilt.

Böse Mama

Das Musical *Pokémon Live!* interpretiert die Pokémon-Geschichte neu und ist dabei mitunter romantisch. So wird beispielsweise Mistys Liebe für Ash offen thematisiert und auch die Beziehungen seiner Mutter, Delia Ketchum, werden in der Story aufgegriffen. In ihren Teenager-Jahren hat sie den Team-Rocket-Boss Giovanni gedatet und war eine Zeit lang Mitglied der Gauner-Bande. Als sie jedoch Ashs Vater traf, hat sie Giovanni und Team Rocket für ihn verlassen. Ash deutet außerdem an, dass Professor Eich und seine Mutter in einer Beziehung sein könnten, als er ihn darum bittet, sie nicht zu spät nach Hause zu bringen. Dies könnte aber auch eine einfache Anspielung auf deren Schauspieler sein, die zu der Zeit in einer romantischen Beziehung waren.

Wer ist hier der Boss?

Über einige legendäre Pokémon herrschen andere Wesen. Beispielsweise wurde das Hunde-Trio um Raikou, Entei und Suicune nach einem Brand von dem Phönix Ho-Oh wiederbelebt. Die legendären Titanen wiederum wurden von dem Golem Regigigas erschaffen und lassen sich sogar von ihm kontrollieren – auch dann, wenn sie eigentlich zu einem Trainer gehören.

kurz & knapp

Die *Feuer*-Starter-Pokémon der Generationen drei, vier und fünf beginnen ihre Grundform als *Feuer*-Monster und entwickeln sich dann in *Feuer-Kampf*-Pokémon weiter: Lohgock, Panferno und Flambirex. Dies stellt damit nicht nur die häufigste Typ-Kombination aller Starter dar, sie kommt auch noch in drei Generationen hintereinander vor.

Nachdem er an der Entwicklung der Editionen *Rot & Grün* beteiligt war, kam Tsunekazu Ishihara die Idee für das Pokémon-Sammelkartenspiel.

In einer Szene des Leinwandabenteuers *Meisterdetektiv Pikachu* läuft im Fernseher der Film „Engel mit schmutzigen Seelen". Es ist der gleiche fiktive Streifen, den Kevin aus „Kevin allein zu Haus" in einigen Szenen schaut und der extra für die Weihnachtskomödie erstellt wurde.

Auf Diät

Das Muschel-Pokémon Perlu kann sich entweder in ein Aalabyss oder ein Saganabyss entwickeln. Dabei verliert es einiges an Körpergewicht: Perlu wiegt etwa 52,5 Kilogramm und seine Weiterentwicklungen circa 27 beziehungsweise 22,6 Kilogramm. Selbst zusammengerechnet sind Aalabyss und Saganabyss nicht so schwer wie ihre Vorstufe.

Der etwas andere Lolli

Flegmon-Ruten gelten in der Welt der Pokémon als Delikatesse. Mit dem Sekret, das aus Flegmons Schwänzen austritt, locken sie Muschas an – beißen diese dann an, gehen sie eine Symbiose ein und eine Entwicklung zu Lahmus erfolgt. Ein Teil der Story der zweiten Generation dreht sich um die bösen Machenschaften von Team Rocket: Die Schurken rauben den trägen Monstern im Flegmon-Brunnen ihre Schwänze und verkaufen diese teuer. Zunächst wurden die Ruten noch als Süßigkeiten beschrieben, die nicht gegessen, sondern gelutscht werden. In späteren Generationen jedoch gibt es Restaurants, die Gerichte mit Flegmon-Ruten servieren. Vor allem in der Alola-Region sind Flegmon-Ruten eine beliebte Zutat für beispielsweise Curry. Dafür werden aber nur Schwänze verwendet, die von allein abfallen und nicht abgeschlagen werden. Hoffentlich!

Andere Studios entwickeln mit

Kein Trainer, sondern Ranger: In der Spinoff-Reihe *Pokémon Ranger* für den Nintendo DS übernimmt der Spieler die Rolle eines Aufsehers, der sich vor allem um ökologische Probleme in der Region kümmert. Dazu gehört auch das Einfangen von Pokémon – nicht mit Bällen, sondern mit dem Kreisel des FangKoms. Dieser wird über das Touchpad des Handhelds gesteuert. Insgesamt sind drei *Pokémon-Ranger*-Teile erschienen. Der erste Ableger wurde vom *Super Smash Bros.*-Studio HAL Laboratory entwickelt.

Verschollen

Im ersten Pokémon-Film hält Officer Rocky Trainer davon ab, nach New Island zu reisen. Grund dafür ist ein aufkommender, schwerer Sturm. Einige Trainer lassen sich davon jedoch nicht aufhalten und reisen mithilfe ihrer Taschenmonster über die raue See. Zwar erreichen die meisten die Insel, doch eine Trainerin, die auf dem Rücken ihres Ibitaks losflog, wird im Verlauf des Films nicht mehr gesehen – sie hat die Insel wohl nie erreicht.

Nicht nur Klopapier und Nudeln

Während der Covid-Pandemie erlebte das Pokémon-Sammelkartenspiel einen zweiten Frühling und die Nachfrage nach den Karten stieg so enorm an, dass einige Geschäfte neue Richtlinien einführen mussten. Supermärkte in Amerika limitierten beispielsweise den Verkauf auf ein Booster-Pack pro Kunde pro Tag. Nachdem Fans auch noch damit begonnen hatten, über Nacht vor den Eingängen der Geschäfte zu campen, schritten die Supermarkt-Verantwortlichen ein und mussten auch das unterbinden.

Kein Versager mehr

Ash Ketchum hat es nicht immer leicht. Besonders in Kämpfen gegen Arenaleiter stellt sich der Held des Animes nicht immer geschickt an. Und so ist es kein Wunder, dass er regelmäßig als Verlierer vom Platz geht und um Revanche bitten muss. Einzig in der Anime-exklusiven Orange-Liga besiegt Ash jeden Arenaleiter auf Anhieb. Mit nur vier Leitern und dem Champ Drake erwarten ihn aber auch weniger Herausforderungen, da die meisten anderen Wettbewerbe aus acht Arenaleitern bestehen.

Weltweite Übereinstimmung

Gewisse Taschenmonster leihen der Marke Pokémon ihr Gesicht. Vor allem die Elektromäuse um Pikachu treten mit jeder neuen Generation als Maskottchen auf, ebenso wie die legendären Monster. Kein Wunder also, dass die Pokémon Company darum bemüht ist, dass diese besonders wichtigen Begleiter international die gleichen Namen haben. So lassen sich dazugehörige Artikel einfacher verkaufen, denn Menschen auf der ganzen Welt erkennen Pikachu wieder – auch am Namen. Bei „unwichtigeren" Monstern wird nicht so sehr auf international gleichklingende Namen geachtet – stattdessen setzen die Macher hier auf lokale Übersetzungen.

Zusatzgeschichten

Einige Pokémon-Sammelkarten haben so schöne Illustrationen, sie könnten glatt eine Geschichte erzählen. Und einige tun das auch. Von 1999 bis 2001 erschien in Japan der sechsteilige Manga „Wie ich eine Pokémon-Karte wurde" des Zeichners Kagemaru Himeno. Er designte einige Pokémon-Karten und erzählt die Hintergrundgeschichten zu 36 von ihm designten Karten. Die Geschichten sind nicht zusammenhängend und weisen als Höhepunkt eine Abbildung der tatsächlichen Sammelkarte auf. Eine schöne Idee, die es leider nie über die Grenzen Japans hinausgeschafft hat.

kurz & knapp

Einzig in der Hoenn-Region ist es den Spielern möglich, dem Vater der Hauptfigur zu begegnen – in allen anderen Gebieten taucht dieser nicht auf. Doch damit nicht genug: In Hoenn leitet der Vater sogar eine Arena. Norman erwartet eure Herausforderung in Blütenburg City und ist auf *Normal*-Pokémon spezialisiert.

Gary, Alain, Diaz – Ash Ketchum hat zahlreiche Rivalen, doch gegen niemanden bestritt er so viele Kämpfe wie gegen Paul aus Schleiede in der Sinnoh-Region.

Der Kopf des Pinguin-Pokémons Kubuin ist von einem Eisblock umschlossen. Wird es von einer physischen Attacke getroffen, absorbiert dieser Block den Schaden und legt Kubuins Kopf frei.

Rolle rückwärts

Was war zuerst da, Henne oder Ei? Eine Frage, die sich auch im Pokémon-Universum stellen lässt. Tatsächlich entstanden einige Monster-Designs nicht nach ihrer Entwicklungsabfolge. Dies verriet die Pikachu-Designerin Atsuko Nishida, die für das Aussehen vieler früher Taschenmonster verantwortlich war, in einem Interview. Sie entwarf beispielsweise die Starter der ersten Generation Bisasam, Glumanda und Schiggy auf Grundlage ihrer finalen Entwicklungen Bisaflor, Glurak und Turtok, deren Designs bereits feststanden. Nishida arbeitete quasi rückwärts.

Wenn man hungrig ist

Der Wasservogel Urgl hat eine ungewöhnliche Angewohnheit. Wenn es taucht oder surft, schnappt es nach anderen Pokémon. Hat es mehr als die Hälfte seiner Kraftpunkte, so nimmt Urgl die Schlingform an, bei der es den Fisch Pikuda im Schnabel hält und sogar auf den Gegner schießen kann. Bei weniger als 50 Prozent der Lebenspunkte nimmt Urgl jedoch die Stopfform an – dann trägt es niemand Geringeres als das allseits beliebte Maskottchen Pikachu im Maul. Und auch dieses kann Urgl auf seine Feinde schleudern.

Mehr Power

Spieler von *Pokémon GO* durften schnell erleben, dass die App den Smartphone-Akku regelrecht auffrisst. Ganz zur Freude der Akku-Hersteller, denn in den Wochen nach Erstveröffentlichung war die Nachfrage nach mobilen Powerbanks so groß wie wahrscheinlich noch nie zuvor. Die Aktienkurse einiger Akku-Unternehmen stiegen um bis zu 25 Prozent.

Eine alte Legende

Von schwach zu stark: Der Karpfen Karpador wird immer wieder als eines der schwächsten Taschenmonster gehandelt. Doch mit seiner Entwicklung wird aus dem nutzlosen Fisch die riesige Wasserschlange Garados. Wie passt das zusammen? Nach einer chinesischen Sage verwandelt sich ein Karpfen, der über das Drachentor springt, in einen Drachen. Dieses Tor befindet sich der Legende nach in einem Wasserfall. Die Moral von der Geschichte ist wohl, dass wir zunächst Hindernisse überwinden müssen, um daran zu wachsen. Diese Sage wurde mit Karpador und seiner Entwicklung Garados eingefangen. Hinweise auf diese Ursprungsgeschichte gibt es auch beispielsweise in den *Pokémon-Snap*-Spielen. Fotografen, die die Karpfen erfolgreich in Wasserfälle locken, dürfen im Anschluss Garados einfangen – zumindest mit der Kamera.

Hier gibt's keine alten Gesichter

Pokémon Schwarze Edition & Weiße Edition sind die ersten und einzigen Spiele der Hauptreihe, in denen im regionalen Pokédex keine bekannten, sondern ausschließlich neue Taschenmonster auftauchen. Erst nach Abschluss der Pokémon-Liga kommen auch Monster aus den vorherigen Generationen vor.

Der erste Brite ...

..., der Pokémon designte, ist James Turner. Er arbeitete jahrelang bei Entwickler Game Freak und hat Monster wie die Eiswaffel Gelatini ins Leben gerufen. Für *Pokémon Schwert & Schild* wurde er sogar zum leitenden Art Designer befördert – da die Galar-Region auf den britischen Inseln beruht, war James Turner geradezu wie für die Rolle gemacht. Seit Juni 2022 leitet er sein eigenes Entwicklerstudio.

Trauermasken

Makabaja sind *Geist*-Pokémon, die zu Lebzeiten eigentlich Menschen waren. Sie tragen Masken mit sich herum, die aus ihren ehemals menschlichen Gesichtern bestehen. Gelegentlich weinen sie, wenn sie ihre Masken betrachten und sich an ihre Lebzeiten erinnern. Galar-Makabaja hingegen tragen verfluchte Steintafeln mit sich herum. Deswegen entwickeln sie sich nicht in das Sarkophag-Pokémon Echnatoll, sondern zu Oghnatoll – dann hat der Fluch Makabajas die verlorene Seele komplett übernommen.

Nimm das zurück!

Hab' ich das richtig gehört? Diese Frage dürften sich Spieler gestellt haben, die zu Zeiten der vierten Generation Online-Kämpfe gegen das Pokémon Plaudagei geführt haben. Mithilfe des Mikrofons des Nintendo DS lässt sich ein alternativer Ausruf für Plaudageis einzigartige Attacke Geschwätz aufnehmen. Diese Funktion wurde jedoch prompt für vulgäre Ausrufe missbraucht, sodass die Pokémon-Verantwortlichen in den folgenden Spielen reagierten. In den Editionen *Schwarz & Weiß* und *Schwarz 2 & Weiß 2* wurde Plaudagei aus Online-Kämpfen verbannt und ab der sechsten Generation wurde die Möglichkeit, einen eigenen Ruf für das Papageien-Pokémon aufzunehmen, gänzlich gestrichen.

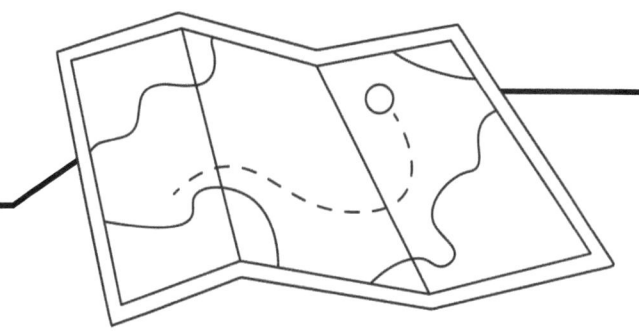

Der Ort Alabastia ist für Trainer wie Ash oder Spieler der ersten Generation der Startpunkt einer langen Reise.

Tatsächlich beruht Alabastia auf der Stadt Machida in der Nähe von Tokio – der Heimatstadt von Pokémon-Erfinder Satoshi Tajiri.

Zahlendreher?

Ein Mysterium, das die Schulhofgespräche der frühen 2000er-Jahre dominierte: Missingno. Wer in den Editionen *Rot & Blau* am Rande der Zinnoberinsel surfte, der begegnete dem inoffiziellen Monster Missingno. Dabei handelte es sich um kein offizielles Pokémon, sondern vielmehr um einen Fehler im Spiel. Dieser Spielfehler sieht aus wie ein gestauchtes, aus wirren Pixeln geformtes L und weist – wie der Name schon andeutet – keine Nummer auf. Die Ursache dafür liegt wohl in einem Fehler im Programmcode, der in der bearbeiteten Version *Pokémon Gelb* korrigiert wurde. Schade, denn der Glitch ermöglichte zum Beispiel das Vervielfachen von Items – von Sonderbonbons kann man schließlich nie genug haben.

Was für ein Pech

Eine bittere Überraschung erlebte der YouTuber Logan Paul. 2021 gab er circa 3,5 Millionen US-Dollar für angebliche Ersteditionen des Basissets der begehrten Pokémon-Sammelkarten aus. Experten waren mehr als skeptisch. Offenbar wirkten die Boxen nicht authentisch. Und die Kritiker sollten Recht behalten, denn Paul ging den Hinweisen nach und öffnete die Sets. Zu seinem Leidwesen waren diese nicht einmal mit Pokémon-Karten, sondern mit *GI-Joe*-Sammelkarten gefüllt. Logan Paul nahm es immerhin mit Humor.

kurz & knapp

Keine andere Region kann da mithalten: Mit insgesamt 34 Routen ist die Hoenn-Region Rekordhalter.

Das erste Pokémon-Spiel, das auf Nintendo-Systemen erschien, aber nicht von Nintendo veröffentlicht wurde, war der Japan-exklusive Game-Boy-Color-Titel *Pokémon Card GB2*. Für den zweiten Teil des Sammelkarten-Abenteuers trat The Pokémon Company als Publisher auf.

Team Galaktik treibt ihr Unwesen in der Sinnoh-Region und trachtet nach einer Menge Ärger. Doch im Gegensatz zu den Verbrecherorganisationen anderer Regionen stapeln diese Ganoven hoch: Team Galaktik möchte das gesamte Pokémon-Universum neu erschaffen, nicht nur die Welt.

Gute Nacht für immer

Ein Leben lang Schlaf – für die einen ein unerfüllbarer Traum, lebt das Koala-Pokémon Koalelu diese Realität. Von der Geburt bis zum Tod döst es vor sich hin. Grund dafür ist die einschläfernde Wirkung der Blätter, die es verspeist. Koalelu frisst oder attackiert im Halbschlaf. Sein Markenzeichen ist der Holzstamm, an den es sich seit seiner Geburt klammert. Durch ihren stetigen Schlafzustand sind Koalelu leichte Beute für die *Psycho*-Pokémon Hypno, die sich vorwiegend von Träumen ernähren.

Exklusiv oder für alle?

Warum gibt es Pokémon-Software für Nicht-Nintendo-Geräte wie PC oder Smartphones? Viele glauben, die Marke würde allein dem japanischen Unternehmen Nintendo gehören, doch das stimmt nicht. The Pokémon Company gehört nur zu einem Drittel Nintendo, sodass die Firma nicht allein über die Rechte der Taschenmonster bestimmen kann – und so auch einige wenige Programme und Spiele auf anderen Plattformen erhältlich sind.

Wiggle wiggle

Angeblich diente ein hundert Fuß großes Knofensa bei der Errichtung des Knofensaturms in Viola City einst als Hauptstützpfeiler. Ähnlich wie der Körper eines Knofensas schwankt der Pfeiler im Inneren des Turms stetig hin und her, wodurch Erdbeben abgefedert werden können. Diese Technologie existiert auch in der realen Welt und wird beim Bau moderner Hochhäuser verwendet.

Geheime Karte

Die erste Sammelkarte, die nicht zuerst in Japan veröffentlicht wurde, sondern international, ist die Karte Dunkles Raichu. Sie wurde vom damaligen Kartenhersteller „Wizards of the Coast" entworfen. Dunkles Raichu ist damit auch die erste Geheimkarte überhaupt und Teil der Erweiterung *Team Rocket*. Dort wird sie mit der Nummer 83/82 gelistet. In Japan ist sie jedoch Teil der Erweiterung *Neo Entdeckung*.

kurz & knapp

Im Anime hatte Pantimos schon immer fünf Finger pro Hand, doch in frühen Designs und den Spielen der ersten beiden Generationen wurde es noch mit vier Fingern pro Hand abgebildet. Seit den Game-Boy-Advance-Ablegern *Feuerrot & Blattgrün* haben aber alle Pantimos insgesamt zehn Finger.

Indem Wissenschaftler in der Galar-Region jeweils zwei Fossilienteile miteinander verbunden haben, haben sie die Hybrid-Pokémon Lecryodon, Lectragon, Pescryodon und Pescragon ins Leben gerufen. Dabei handelt es sich um die bislang einzigen Fossil-Monster, die weder den Typ *Gestein* noch ein Geschlecht aufweisen.

Gute Besserung! Die Knochen und giftigen Flossen des Seepferdchens Seemon gelten als wertvolle Zutaten für medizinische Mittel.

Pikachu auf Diät

Zeiten ändern sich – und so auch manchmal unsere liebsten Taschenmonster. War Pikachu in den 1990er-Jahren noch eine dicke Elektromaus, wurde sein Design mit darauffolgenden Veröffentlichungen überarbeitet: Pikachu wurde schlanker. Fans warfen den Verantwortlichen immer wieder vor, so dessen Beliebtheit steigern zu wollen. Doch der wahre Grund für die Überarbeitung ist ein ganz anderer.

Pikachu wurde ursprünglich als Videospiel-Figur entwickelt. Auf dieser Grundlage entstand später der Pokémon-Anime, in dem die gelbe Maus eine Hauptrolle einnimmt. Für die Zeichentrickserie musste sein Körper bereits angepasst werden, um seine Bewegungen natürlicher aussehen zu lassen. Die Spieledesigner bei Game Freak wollten nicht auf der alten Statur Pikachus beharren. Stattdessen sollte seine Animation erleichtert werden. Man entschied sich, seinen Hals und Rücken genauer zu definieren und Pikachu schlanker zu machen. Daher wandelte sich sein Erscheinungsbild im Laufe der Zeit.

Die Gigadynamax-Form, die Pikachu in den Spielen der achten Generation *Pokémon Schwert & Schild* annehmen kann, ist wohl aufgrund ihrer korpulenten Statur eine Anspielung auf das frühe Design des Pokémon-Maskottchens.

Seelen-Kultur

Dass Mythen und Sagen einigen Pokémon-Designs als Inspiration dienten, erscheint logisch. Doch einige Designs erschließen sich einem westlichen Trainer nicht sofort. Da die Taschenmonster aus Japan stammen, finden sich auch viele Hinweise auf die japanische Folklore wieder. Einige Pokémon basieren beispielsweise auf sogenannten „Tsukumogami": Gegenstände, die nach 100 Jahren der Verwahrlosung von Geistern oder Seelen besetzt werden. Ein Beispiel dafür in der Welt der Pokémon ist Voltobal, das an einen beseelten Pokéball erinnert – seine Pokédex-Nummer #100 ist sicherlich ein Hinweis an die Jahre der Verwahrlosung.

Die dunkle Seite

Im Pokémon-Sammelkartenspiel gibt es ein paar Karten, die einen Professor-Eich-Doppelgänger darstellen. Dieser arbeitet jedoch für das finstere Team Rocket. Der falsche Eich hat auch Auftritte in anderen Medien. So gibt sich im Manga ein Kadabra mithilfe seiner Psy-Kräfte als Professor aus. Und auch in mehreren Episoden des Animes hat James von Team Rocket sich bereits als Professor Eich ausgegeben.

Bezahlen mit Schiggy

Pokédollar in der echten Welt? Der pazifische Inselstaat Niue macht's möglich. Dort kam 2001 eine besondere Reihe von Ein-Dollar-Münzen in den Umlauf. Auf der einen Seite ist das Emblem des Inselstaates zu sehen. Wer eine solche Münze jedoch umdreht, der wird ein Pokémon erblicken. Pikachu, Mauzi, Bisasam, Glumanda und Schiggy prägen den Niue-Dollar. Bei Sammlern beliebt, lassen sich die Münzen jedoch auch wie ganz normale Dollar auf der pazifischen Insel ausgeben.

Wo sind die Eier?

Kein anderes Monster hat so besondere Eigenschaften wie das mysteriöse Pokémon Manaphy: Abgesehen von Arceus ist Manaphy das einzige mysteriöse Monster, das aus einem besonderen Ei schlüpft. Es kann durch Zucht neue Eier erzeugen, die ein spezielles Aussehen aufweisen. Daraus schlüpft wiederum das *Wasser*-Pokémon Phione, das sich ungewöhnlicherweise jedoch nicht zu Manaphy weiterentwickeln kann. Sie weisen beide kein Geschlecht auf und trotzdem lässt Manaphy sich ausschließlich mit einem Ditto züchten. Das macht beide zu den einzigen Pokémon, die sich zwar züchten lassen, doch nicht durch Zucht erhältlich sind.

Frischer Wind

Es gibt immer ein erstes Mal und die Spiele *Pokémon X & Y* können so einige aufweisen. Sie sind die ersten Teile der Hauptreihe, die nicht den Zusatz „Edition" in den westlichen Namen tragen. Außerdem erschienen sie weltweit in physischer Version am gleichen Tag, dem 12. Oktober 2013. Dies stellte eine Neuheit sowohl für Pokémon-Hauptspiele als auch für Nintendo-Games im Allgemeinen dar. Auf *Pokémon X & Y* folgte erstmals kein Nachfolger beziehungsweise keine Spezialedition, so wie beispielsweise in den Generationen eins und zwei die Editionen *Gelb* und *Kristall*.

Außerdem gab es inhaltlich einige erste Male. So kann der Spieler von Beginn an die Turbotreter nutzen, um sich schneller fortzubewegen. Und dies gleich in mehr als in vier Richtungen – die Spielfigur ist nicht mehr an ein Raster gebunden und kann frei umherlaufen. Umkleiden ist ebenfalls erstmals möglich. Waren angebliche Kämpfe gegen den Professor zuvor immer beliebte Gerüchte auf dem Schulhof, waren sie in *Pokémon X & Y* zum ersten Mal offiziell Teil der Spiele. Als erste Spiele der Hauptreihe mit 3D-Figuren ebneten sie mit ihren zahlreichen Neuerungen den Weg für künftige Pokémon-Spiele.

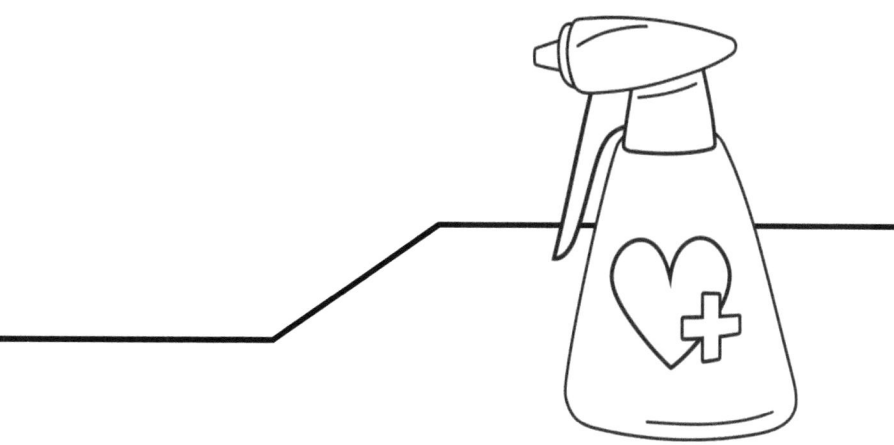

Mit dem PokéPark öffnete im März 2005 der erste Freizeitpark, der auf einem Videospiel-Franchise beruht, in der japanischen Stadt Nagoya seine Pforten.

Wenige Monate später wurde der finanziell wenig lukrative Park jedoch wieder abgebaut.

Kadabra im Exil

Lange Zeit war es still um das *Psycho*-Pokémon Kadabra und der Grund dafür ist einfach: Im November 2000 verklagte der israelische Mentalist Uri Geller Nintendo, da Kadabra eine böse, okkulte Figur und unautorisierte Parodie auf ihn sei. Und Parallelen sind tatsächlich vorhanden: Kadabra ist ebenso für das Verbiegen von Löffeln bekannt wie Geller. Dazu kommt, dass Kadabras japanischer Name „Yungerer" von Uri Geller abgeleitet wird. Die Klage war zwar ohne Erfolg, doch als Folge vermied Nintendo Kadabras Auftreten im Sammelkartenspiel und Anime so gut es ging. Im November 2020 verkündete Uri Geller, dass er auf tausende Fan-Mails, die ihn im Laufe der Jahre erreichten, reagiere und Nintendo ausdrücklich die Verwendung von Kadabra erlaube.

Was für ein Durcheinander

Im Deutschen liegt die Stadt Lavandia in Kanto und beheimatet den Pokémon-Turm, der den Taschenmonstern als letzte Friedensstätte dient. In der französischen Version gibt es auch einen Ort namens Lavandia, doch diese Stadt liegt in der Hoenn-Region und ist bei uns als Malvenfroh City bekannt. Im Englischen heißt Malvenfroh City aber Mauville City und Mauville ist wiederum der französische Name für Viola City in der Johto-Region. Verwirrend!

kurz & knapp

Golbit und seine Weiterentwicklung Golgantes wurden von einer antiken Zivilisation aus Lehm erschaffen. Das erklärt auch ihre Typ-Kombination *Boden* und *Geist*.

Die Starter-Pokémon Bisasam, Glumanda und Schiggy haben eine Gemeinsamkeit: Sie basieren auf Amphibien beziehungsweise Reptilien: Bisasams Vorbild war eine Kröte, Glumanda wurde nach Vorlage von Eidechsen designt und bei Schiggy bediente man sich offensichtlich an Schildkröten.

Kein anderes Pokémon entwickelt sich durch Levelaufstieg so spät wie Duodino: Erst mit Erreichen der Stufe 64 wird aus Duodino der dreiköpfige Drache Trikephalo.

Einmal hinten anstellen

Obwohl die Taschenmonster in Japan erfunden wurden, erschien die Augmented-Reality-App *Pokémon GO* dort mit einiger Verspätung. Spieler in Neuseeland, Australien oder den USA durften schon am 6. Juli 2016 durch die Straßen ziehen und digitale Monster per Smartphone einfangen. Japanische Fans mussten sich bis zum dortigen offiziellen Release am 22. Juli 2016 gedulden. Sogar deutsche Trainer konnten ihre Abenteuer ungewöhnlicherweise einige Tage vor den Japanern beginnen, denn hier erschien das Spiel sechs Tage zuvor. Der Grund für dieses ungewöhnliche Vorgehen war einfach: Niantic, der Entwickler hinter der App mit Sitz in San Francisco in den USA, wollte seine Server mit einem gleichzeitigen internationalen Release nicht überlasten. Diese hatten so schon genug mit dem Andrang an Trainern zu kämpfen.

Hände hoch oder ich schieße!

Der erneut aufflammende Hype um die Pokémon-Sammelkarten während der Covid-Pandemie hat im Mai 2021 neue Ausmaße angenommen. Nachdem erste Fälle von Überfällen auf amerikanischen Supermarkt-Parkplätzen bekannt wurden, hat die Kette Target den Verkauf von allen Sammelkarten gestoppt. Konkurrent Walmart wurde zwischenzeitlich nicht einmal mehr mit neuen Pokémon-Karten beliefert.

Besser spät als nie

Das hat aber gedauert: Ehe die achte Generation der Pokémon-Spiele erschien, war jeder Typ in einer Arena vertreten – jeder, außer *Unlicht*. Mit den Editionen *Schwert & Schild* änderte sich dieser Umstand jedoch. Denn die Galar-Region hält mit Mary und Nezz gleich zwei Arenaleiter parat, die auf den Typ *Unlicht* spezialisiert sind.

Nur eine Nummer

Da braucht man nicht weit zählen: Von den bislang über 900 offiziell erschienenen Pokémon tragen zwei eine Zahl im Namen. Die Weiterentwicklung der digitalen Ente Porygon nennt sich ganz simpel Porygon2 und ist das einzige Taschenmonster mit einem Zahlzeichen. Dazu gesellt sich das legendäre Pokémon Typ:Null, bei dem die Zahl ausgeschrieben wird. Besonders an Typ:Null ist auch, dass es das einzige Pokémon mit einem Doppelpunkt im Namen ist. In gewisser Weise kann das legendäre Mewtu auch zu den beiden gezählt werden, denn ausgesprochen klingt dessen Name so, als wäre es „Mew zwei" – zumindest wenn man den Namen englisch liest.

kurz & knapp

Pokémon als Sternzeichen? Das Einall-Horoskop macht's möglich! Darin vertreten verschiedene Taschenmonster die Zeichen aus der echten Welt: Bisofank beispielsweise symbolisiert das Sternbild Stier und Cerapendra den Skorpion.

Der *Elektro-Geist* Rotom besitzt insgesamt sechs unterschiedliche Formen je nach besetzter Maschine. Interessanterweise wurde jede einzelne Form von einem anderen Designer kreiert – dabei stammt nur die Basisversion aus der Feder von Pokémon-Urgestein Ken Sugimori.

Als das sprechende Pikachu im Film *Meisterdetektiv Pikachu* in einer Szene gekrault wird, sagt es statt „Muttergottes" die Phrase „Mutter von Arceus". Damit wird das Wort „Gott" erstmals durch den Namen des Gottes des Pokémon-Universums Arceus ausgetauscht.

Giganten im Pokémon-Reich

Die größte voll entwickelte Form eines Starter-Pokémons ist die *Pflanze*-Schlange Serpiroyal mit etwa 3,3 Metern. Demgegenüber steht der *Feuer*-Affe Panferno – mit circa 1,2 Metern Körpergröße ist es ein wahrer Zwerg unter den Startern. Schaut man auf die Waage, so wiegt der *Feuer*-Hase Liberlo mit 33 Kilogramm am wenigsten. Wohingegen die *Pflanze*-Schildkröte Chelterrar ganze 310 Kilogramm auf die Waage bringt.

Monster aus dem All

Im August 1955 will eine Familie auf ihrer Farm im US-amerikanischen Bundesstaat Kentucky erlebt haben, wie eine Gruppe von Aliens ihr Haus attackiert habe. Die unbekannten Gestalten seien klein gewesen, mit dunkler Haut, spitzen Ohren und hellen Augen. Den Entwickler Game Freak inspirierte die Begebenheit wohl dazu, das *Unlicht-Geist*-Pokémon Zobiris zu designen. Beim Kelly-Hopkinsville-Ereignis handelte es sich übrigens wahrscheinlich einfach nur um eine Gruppe Virginia-Uhus.

Was für ein Risiko

Noch bevor die ersten Pokémon-Spiele für den Game Boy veröffentlicht wurden, musste das Projekt beinahe eingestampft werden. In den knapp sechs Jahren bis zur Fertigstellung der Editionen *Rot & Grün* ging Entwickler Game Freak fast das Geld aus. Als der Pokémon-Erfinder Satoshi Tajiri seinen Angestellten die finanzielle Situation mitteilte, kündigten sogar fünf seiner Mitarbeiter. Dabei zahlte er sich nicht einmal sein eigenes Gehalt aus, um die Firma nicht weiter zu belasten. Stattdessen lebte er auf Kosten seines Vaters – ein Risiko, das sich rückblickend wohl mehr als ausgezahlt haben dürfte.

Fangen auf Umwegen

Trainer kennen es: Nicht jedes Pokémon lässt sich einfach so finden. Besonders deutlich wurde das in den Game-Boy-Advance-Spielen *Pokémon Rubin*, *Saphir* und *Smaragd*. Auf Route 119 tauchen Barschwa zufällig auf nur sechs von 447 Wasserfeldern auf. Für die legendären Titanen Regirock, Regice und Registeel müssen Spieler sogar noch einen Schritt weiter gehen und in Blindenschrift verfasste Rätsel übersetzen und lösen, um überhaupt zu ihnen zu gelangen.

Ein wahres Sammlerstück

Der Hype um die Pokémon-Sammelkarten nahm in den späten 2010er-Jahren ungeahnte Dimensionen an. Regelmäßig werden neue Verkaufsrekorde gebrochen – so auch im Februar 2022, als ein Sammler bei einer Auktion besonders tief in die Tasche griff. Für die Rekordsumme von etwa 900.000 US-Dollar wurde eine Illustrator-Pokémon-Karte versteigert.

Auf der Karte ist ein Pikachu mit Pinsel abgebildet. Von ihr sind weltweit nur 41 Exemplare bekannt, denn die Sammelkarte wurde 1998 lediglich an die Gewinner eines Zeichenwettbewerbs des japanischen Magazins *CoroCoro Comic* verschickt.

Ihr Seltenheitswert trug entscheidend zum Verkaufswert bei, denn der Zustand der Rekord-Karte war mit 7/10 Punkten als „nur" gut eingestuft worden. Einige Monate zuvor wechselte eine Illustrator-Pikachu-Karte mit einem perfekten 10/10 Zustand für die Rekordsumme von über fünf Millionen US-Dollar seinen Besitzer. Der YouTuber Logan Paul hat die besonders seltene Sammelkarte jedoch nicht ersteigert, sondern privat gekauft – und trug diese anschließend bei dem Wrestling-Event *Wrestlemania 38* an einer Halskette.

Mew als LKW-Fahrer?

Rund um das mysteriöse Pokémon Mew ranken sich zahlreiche Fan-Theorien. Eine der verbreitetsten ist wahrscheinlich, dass es unter einem LKW in Orania City zu finden sei, im Hafen neben der MS Anne. Dieses Gerücht hat sich hartnäckig gehalten, denn der LKW ist ohne Umwege nicht zu erreichen. Nur wer bestimmte Spielabschnitte durch das Tauschen bestimmter Pokémon überspringt, kann den LKW erreichen – um festzustellen, dass dieser rein kosmetischer Natur ist. Keine Spur von Mew!

Auf die falsche Karte gesetzt

Eine unehrliche Geldanlage kam einen US-Amerikaner im Frühjahr 2022 teuer zu stehen. Um sein Unternehmen finanziell zu unterstützen, erhielt er im Rahmen der Corona-Pandemie Hilfsgelder in Höhe von 85.000 US-Dollar. Doch anstatt dieses Geld für sein Unternehmen zu verwenden, erwarb der Amerikaner eine knapp 58.000 Dollar teure First-Edition-Glurak-Sammelkarte aus dem Jahre 1999. Der amerikanische Staat fand das jedoch gar nicht lustig und verurteilte den Unternehmer zu drei Jahren hinter Gittern und einer Strafzahlung von 10.000 Dollar. Außerdem musste er die Sammelkarte sowie die 85.000 US-Dollar Hilfsgelder zurückgeben. Keine lohnenswerte Investition.

Kauf sie dir alle

In London finden regelmäßig die sogenannten Pokémon Championships statt, bei der Trainer ihr Können unter Beweis stellen können – ganz egal ob in Sammelkartenduellen oder in digitalen Kämpfen. Im Rahmen dessen wurde im Sommer 2022 ein Pokémon-Center-Pop-Up-Store aufgebaut. Hier hatten auch europäische Fans die Möglichkeit, das meist Japan-exklusive Merchandise zu ergattern.

Vielseitig

Heutzutage ist das Entwicklerstudio Spike Chunsoft hauptsächlich für seine Arbeiten an den *Pokémon-Mystery-Dungeon*-Spielen bekannt. Doch auch andere namhafte Titel stammen aus der Feder des Studios. Dazu gehören beispielsweise die frühen Teile der erfolgreichen Rollenspiel-Serie *Dragon Quest* oder auch die Visual-Novel-Abenteuer der *Danganronpa*-Reihe.

Kein Schatten seiner selbst

Mehr als ein Kokon: Das *Käfer-Geist*-Pokémon Ninjatom ist in vielerlei Hinsicht einzigartig. Es ist beispielsweise das einzige Monster mit dieser besonderen Typ-Kombination. Außerdem gibt es neben Ninjatom kein anderes Pokémon, das geringere Basiswerte als seine Vorentwicklung aufweist. Wer in den Spielen ein Nincada auf Level 20 trainiert, einen leeren Pokéball bei sich trägt und nicht mehr als fünf Pokémon im Team hat, der stellt etwas Besonderes fest: Nincada hat sich in ein Ninjask und ein Ninjatom entwickelt – beide Pokémon sind jetzt Teil eures Teams.

Dies ergibt Sinn: Ninjatom stellt den Kokon einer geschlüpften Zikade dar, was auch seine Typ-Kombination erklärt. Ninjask wiederum ist diese geschlüpfte Zikade. Die größte Besonderheit des Kokon-Monsters ist jedoch die Anzahl seiner Kraftpunkte. Mit nur einem einzigen Lebenspunkt stellt sich Ninjatom ein weiteres Mal als Sonderling unter den Taschenmonstern heraus. Dies bedeutet, dass schon ein Treffer den Käfer außer Gefecht setzt. Immerhin sorgt seine Fähigkeit Wunderwache dafür, dass es nur von Attacken vom Typ *Feuer*, *Flug*, *Gestein*, *Geist* und *Unlicht* getroffen werden kann – alle anderen Angriffe gehen ins Leere. Somit ist Ninjatom gegen 13 von 18 Typen immun – ein weiteres Alleinstellungsmerkmal in der Welt der Pokémon.

kurz & knapp

Mit seiner Entwicklung zu Dragoran schrumpft das größte aller nicht legendären *Drachen*-Pokémon Dragonir um etwa 180 Zentimeter – von knapp vier Meter Körpergröße auf 2,2 Meter.

Pokémon Tekken war das letzte Pokémon-Spiel für Nintendo Wii U und der erste Ableger der Monster-Reihe für die Switch.

Hat die Pokédex-Nummer eines Pokémon eine bestimmte Bedeutung? Nicht wirklich, denn die Eintragsnummer richtet sich in erster Linie an den Fortschritt in den Spielen: Je niedriger die Pokédex-Nummer, desto früher kann der Spieler diesem Monster tendenziell bei seinem Abenteuer begegnen.

Der App sei Dank

Von dem Hype rund um *Pokémon GO* profitierten nicht nur die Pokémon-Verantwortlichen. In Japan verzeichnete zum Beispiel die Großbäckerei „First Baking Co.", die auch Brot im Taschenmonster-Design herstellt, deutliche Verkaufsanstiege. Auch Spielzeughersteller berichteten von Verkaufsrekorden und der Anime erreichte einen neuen Zuschauer-Höchststand.

Dick und goldig

Diese besonderen Pikachu-Karten sind bei offiziellen Turnieren nicht zugelassen und der Grund dafür ist einfach: Zum 20-jährigen Jubiläum des Pokémon-Sammelkartenspiels 2016 wurden einige goldene Pikachu-Karten produziert. Richtig gehört, golden! Sie bestehen aus elf Gramm 24-karätigem Gold und sind einer Pikachu-Sammelkarte der ersten Auflage nachempfunden. Wer ein Exemplar der vergoldeten, dicken Elektromaus kaufen wollte, musste sich zunächst bei einer Lotterie anmelden und auf sein Glück hoffen. Auserwählte Käufer durften dann die goldene Sammelkarte für umgerechnet etwa 2.000 US-Dollar erwerben. Im Lieferumfang enthalten war ein Rahmen, in den die Sammelkarte zu ihrem Schutz eingelassen war. Und sicherlich lässt sich ein goldenes Pikachu damit auch hervorragend präsentieren.

Guten Hunger

Bei den meisten Pokémon lässt sich erkennen, dass ein Tier, Fabelwesen oder Ähnliches als Inspiration hergehalten hat. Doch was war die Vorlage zum nimmersatten, immer-müden Relaxo? Oder sollte die Frage eher lauten: Wer?

Tatsächlich entwarf der Designer Ken Sugimori das kultige Monster nach dem Vorbild eines Menschen. Genauer gesagt diente sein Kollege Koji Nishino als Vorbild für Relaxo. Nishino arbeitet bereits seit den frühen 1990er-Jahren bei Game Freak als Spieldesigner und ist bei seinen Arbeitskollegen dafür bekannt, extrem viel und manchmal sogar Verdorbenes zu essen.

Möglicherweise stammt daher auch Relaxos japanischer Name „Kabigon", denn das japanische Wort für Schimmel lautet „Kabi". Unter seinen Kollegen ist Nishino auch unter dem Spitznamen Kabigon bekannt. Ähnlichkeiten im Aussehen bestehen allemal. Könnte der ein oder andere ein solches Pokémon-Design als Beleidigung auffassen, scheint Nishino jedoch begeistert von Relaxo zu sein. Auf die Frage, was seine Lieblings-Taschenmonster seien, antwortete der stämmige Game-Designer mit Piepi und eben Relaxo.

Ein unrühmlicher Champ

Auch ein Pokémon-Champ kann seinen hart verdienten Titel verlieren und der Spanier Rubén Puig Lecegui musste das am eigenen Leib erfahren. Die *Pokémon Video Game Championships* 2012 in England konnte er für sich entscheiden. Anschließend feierte das spanische Team jedoch mehr als ausgelassen: Fäkalien wurden im Hotelflur verteilt und Vandalismus begangen. Davon waren weder das Hotelpersonal noch die Polizei begeistert. Ebenso entsetzt war The Pokémon Company International, Veranstalter des Turniers. Mit Verweis auf ihr angestrebtes familienfreundliches Klima sei ein solches Verhalten inakzeptabel. Daraufhin wurde dem Champion sein Titel entzogen.

Graue Edition?

Eine Neuheit nach 16 Jahren Pokémon-Geschichte: Als 2012 die Editionen *Schwarz 2 & Weiß 2* erschienen, trugen erstmals Spiele der Pokémon-Hauptreihe eine Zahl im Namen. Sie sind direkte Nachfolger zu den Editionen *Schwarz & Weiß*. Somit ist auch erstmals keine Spezialversion erschienen, die in den vorhergehenden Generationen noch Standard waren, wie beispielsweise *Pokémon Platin* als Ergänzung zu den Editionen *Perl & Diamant*.

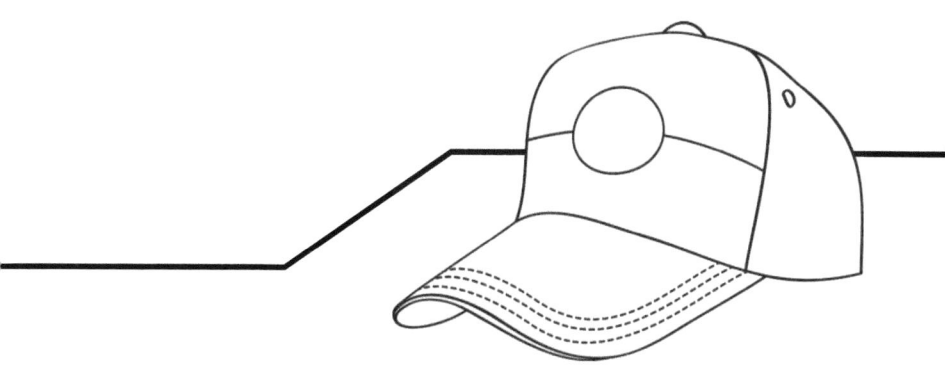

Nach mehr als eintausend Anime-Folgen in über 20 Staffeln hat Ash es endlich geschafft:

Durch seinen Turniersieg in der Alola-Liga darf er sich erstmals Pokémon-Meister nennen.

kurz & knapp

Der Fotograf Tracey begleitet Ash auf seiner Reise auf den Orange-Inseln und ist der einzige von Ashs engen Freunden, der einen offiziellen Nachnamen hat. Sein vollständiger Name lautet Tracey Sketchit.

Weird und cool – so beschreibt der leitende Designer der ersten Pokémon-Generationen Ken Sugimori sein Lieblings-Taschenmonster Gengar. Außerdem sei der beliebte Geist leicht zu zeichnen und entstammt seiner Feder, gab Sugimori amüsiert in einem Interview zu.

Pokémon XD: Der Dunkle Sturm – so hieß eines der letzten für den Nintendo Gamecube veröffentlichten Spiele. *XD* steht dabei für „Extra Dimension".

Schraube locker

Obwohl sie während der siebten Spielegeneration eingeführt wurden, kommen das metallene Mutter-Pokémon Meltan und seine Weiterentwicklung nicht im Alola-Pokédex vor. Bislang ist es nur in der *Pokémon-GO*-App fangbar und lässt sich auch nur dort zu Melmetal entwickeln. Über die App *Pokémon Home* oder die Nintendo-Switch-Spiele *Let's Go Pikachu & Evoli* lässt es sich auf andere Spiele übertragen.

Ms. Pokémon-Universum

Zum Pokémon Day 2020 ließ sich die Pokémon Company in Kooperation mit Google etwas Besonderes einfallen: Per Umfrage sollte das international beliebteste Taschenmonster ermittelt werden. Am 27. Februar 2020 wurde dann publik: Mit 140.559 Stimmen konnte sich der Ninja-Frosch Quajutsu zum Sieger krönen lassen – gefolgt von Lucario auf Platz zwei und Mimigma auf dem Bronze-Rang drei. Im Folgejahr fand eine ähnliche Umfrage statt, jedoch ausschließlich über den japanischen Twitter-Kosmos. Und hier sehen die Ergebnisse schon anders aus, denn die Japaner bevorzugen offenbar andere Pokémon. Mit Zobiris auf Platz drei und Chillabell auf Rang zwei, konnte der *Elektro*-Nager Dedenne unter japanischen Trainern mit 68.396 Stimmen das Rennen machen.

Jeder freut sich über Regenbögen

Alle Farben sind schön, dachte sich wohl *Mario-* und *Zelda*-Erfinder Shigeru Miyamoto. Er schlug während der Produktion der ersten Pokémon-Spiele vor, sieben Editionen zu entwickeln: Doch warum ausgerechnet sieben Spiele? Miyamoto dachte an einen Regenbogen. Jede der sieben Farben eines Regenbogens sollte für eine Pokémon-Edition stehen. Im Verlauf der Produktion plante man dann aber zunächst mit zwei Editionen. Die Farbauswahl für diese hatte einen besonderen Hintergrund: Die Nintendo-Maskottchen Mario und Luigi standen für die japanischen Pokémon-Editionen *Rot & Grün* als Farb-Paten zur Verfügung.

Hauptsache Beeren

Pottrott ist zweifelsfrei ein besonderes Pokémon. Seine Werte wie Angriff, Initiative und Lebenspunkte gehören mit zu den geringsten aller bekannten Monster. Dafür hat es die höchsten Verteidigungswerte aller Pokémon, die auf normalem Wege zu fangen sind. Verantwortlich dafür ist der stabile Panzer der Schildkröte. Darin sammelt Pottrott übrigens Beeren und lässt sie fermentieren. So entsteht der berüchtigte Beerensaft, mit dem sich ein Liebestrank herstellen lässt.

Fast wie ein Puzzle

Die Cover von *Pokémon Mystery Dungeon Team Rot & Team Blau* ergeben zusammen eine Szene: Während eine Gruppe von Taschenmonstern auf dem Titelbild von *Team Blau* erstaunt ein Loch hinabblickt, schaut eine Truppe von Pokémon auf dem Cover von *Team Rot* erschrocken eine Grube hinauf. Das Nintendo-Switch-Remake *Retterteam DX* kombiniert diese Szenen. Auf dessen Titelbild sind die gleichen Monster am selben Schauplatz zu sehen.

Klein aber oho

Ein eigenes, handliches Gerät nur für Pokémon-Spiele? Das ist der Pokémon Mini. Er erschien im März 2002 in Europa. Von den insgesamt zehn offiziellen Spielen hat es die Hälfte auch zu uns geschafft – der Rest blieb Japan-exklusiv. Der Pokémon-Mini-Handheld ist das kleinste von Nintendo produzierte, modulbasierte Gerät. Außerdem ist es der erste Handheld der japanischen Firma mit Bewegungssteuerung und Nintendos bisher einzige mobile Spielekonsole, bei der eine Vibrationsfunktion direkt in die Konsole – und nicht in die Controller – verbaut ist. Im Gamecube-Titel *Pokémon Channel* können einige der Pokémon-Mini-Spiele auf dem Fernseher abgespielt werden. Auch 20 Jahre später kreieren eifrige Fans immer noch Projekte, die nur auf dem Mini-Gerät abgespielt werden können.

Pikachu to go

Pokémon Pikachu – unter diesem nichtssagenden Namen veröffentlichte Nintendo Ende der 1990er-Jahre ein *Tamagotchi*-ähnliches Gerät. Neben einer Uhr und einem Schrittzähler ist ein virtuelles Pikachu enthalten, das sich mit gesammeltem Watt füttern lässt. Der Nachfolger erschien im Jahr 2000 in Europa unter dem Namen *Pokémon Pikachu Color* und erhielt weitere Funktionen. Eine davon erlaubt das Übertragen von Items per Infrarot an den Game Boy Color – sofern denn eine der Editionen *Gold*, *Silber* oder *Kristall* eingelegt ist. Die Idee eines Schrittzählers griff Nintendo noch einmal auf: Den Remakes *Pokémon HeartGold & SoulSilver* lag der Pokéwalker bei. Spieler konnten unterwegs Schritte sammeln und diese als Erfahrungspunkte in die Spiele übertragen.

Aus zwei mach eins

Aus der Galaktik-Expedition entstand offenbar das berüchtigte Team Galaktik, die Verbrecherorganisation der Sinnoh-Region. Dies wird zum einen an ihren ähnlichen Logos deutlich, zum anderen operieren sie in derselben Gegend. Ein weiterer Hinweis ist, dass es im japanischen Original keine namentliche Unterscheidung zwischen den beiden Gruppierungen gibt: Dort heißt auch die Expedition Team Galaktik.

kurz & knapp

Fehlt nicht was? Nimmt man alle Starter-Pokémon und ihre Entwicklungen sowie ihre regionalen Formen und Mega-Entwicklungen aus den Hauptspielen zusammen, so sind fast alle Typen vertreten – nur die Typen *Eis*, *Gestein* und *Käfer* wurden bisher noch nicht bedacht.

XD001: Hinter diesem Codenamen verbirgt sich das von Team Crypto korrumpierte Crypto-Lugia. Im Gegensatz zu anderen Crypto-Pokémon hat sich bei Lugias Umwandlung auch sein Aussehen stark verändert.

Kein anderer Typ wird von den Top Vier so gerne gewählt wie *Geist*. Bis zur siebten Spielegeneration sind mit Agathe, Antonia, Anissa und Lola gleich vier Elite-Trainer auf den Typ *Geist* spezialisiert – damit könnten sie theoretisch ihre eigene Pokémon-Liga gründen.

kurz & knapp

Jede Pokémon-Center-Filiale der echten Welt hat ein eigenes Logo mit anderen Taschenmonstern. Im Logo des Hiroshima-Stores ist sogar ein schillerndes Pokémon zu sehen: das rote Garados.

Zum 23. Jubiläum des ersten Pokémon-Films hat der *Super-Smash-Bros.*-Urvater Masahiro Sakurai ein nachgestelltes Bild der Szene getwittert, in der Pikachus Klon Pikachu ohrfeigt. Sakurais Kommentar dazu: Allein der Gedanke an diese Szene bringe ihn schon zum Weinen.

Laut Pokédex-Einträgen der Editionen *Ultra Sonne & Ultra Mond* wurde das virtuelle Monster Porygon etwa 20 Jahre zuvor von Wissenschaftlern erschaffen. Das ist eine Referenz an die ersten Pokémon-Spiele *Rot & Grün*, die 20 Jahre vorher veröffentlicht wurden.

Mehr als super

Mithilfe des Mega-Steins können einige Monster seit der sechsten Generation eine Mega-Entwicklung vollziehen. Diese ist auf die Zeit eines Kampfes begrenzt, da die mega-entwickelten Monster extrem stark sind. Obwohl das Feature bei Fans äußerst beliebt ist, wurde es nicht in *Pokémon Schwert & Schild* übernommen. 46 Pokémon können eine Mega-Entwicklung vollziehen, doch insgesamt gibt es 48 Mega-Evolutionen: Sowohl Glurak als auch Mewtu haben zwei unterschiedliche Formen, abhängig von ihrem Mega-Stein.

Bill, das Genie

Obwohl Bill, der Erfinder des Pokémon-Lagerungs-Systems in den ersten Generationen, auf Route 25 im nördlichen Teil der Kanto-Region lebt und forscht, stammt er eigentlich aus Dukatia City in Johto. Dort hat er auch noch ein Haus, in dem man einige seiner Familienmitglieder antreffen kann. Außerdem lebt sein Großvater in Fuchsania City. In der nahegelegenen Stadt Prismania City hat Bill an einer Elite-Uni studiert. Das Besondere: An der Prismania-Universität sind nur Wunderkinder im Grundschulalter eingeschrieben.

kurz & knapp

Das Pilz-Pokémon Tarnpignon und seine Weiterentwicklung Hutsassa imitieren mit ihrem Muster das Aussehen eines Pokéballs. Ihre schillernden Formen weisen dabei die Farbgebung eines Meisterballs auf.

Als im Oktober 2013 *Pokémon X & Y* erschienen, zierten die beiden legendären Monster Xerneas und Yveltal das Cover der Nintendo-3DS-Spiele. Passenderweise wurden sie extra in Form der entsprechenden Buchstaben designt.

Mit etwa 150 Millionen US-Dollar ist *Meisterdetektiv Pikachu* der Pokémon-Film mit dem höchsten Produktionsbudget. Gleichzeitig spielte kein anderer Kinofilm aus dem Pokémon-Universum so viel Geld ein: *Meisterdetektiv Pikachu* spülte über 433 Millionen US-Dollar in die Kinokassen der Welt.

Ganz viel Wirbel

Wer hätte gedacht, dass Satoshi Tajiris Lieblings-Pokémon kein Käfer ist? Insekten haben den Pokémon-Erfinder zwar bei seiner Idee für die Taschenmonster stark inspiriert, doch auf Platz Eins seines persönlichen Treppchens schafft es die Kaulquappe Quapsel. Begeistert ist Tajiri besonders von dem Wirbel auf dem Bauch des Pokémons, der seine inneren Organe darstellt – ganz wie bei echten Kaulquappen.

Auf den zweiten Blick

Das Transformer-Pokémon Ditto ist bekannt dafür, nicht auf den ersten Blick erkennbar zu sein. Im Sammelkartenspiel wird das besonders deutlich: Im *Pokémon-GO*-Set sind gewisse Taschenmonster mit einem kleinen Ditto-Icon versehen, die eine ungewöhnliche Bedeutung haben. Die Karten besitzen eine Sticker-Schicht, die man abziehen kann. Zieht man den Sticker von der Karte ab, offenbart sich die wahre Natur. Es handelt sich in Wirklichkeit um Ditto, das seine wahre Identität unter dem Aufkleber versteckt hat. Laut offiziellem Regelwerk müssen diese Karten übrigens immer als Ditto gespielt werden und die Werte des Stickers sind ungültig.

Vom Game Boy auf den Fernseher

Was für ein Aufschlag! Die ersten Szenen des Pokémon-Animes beginnen mit einem Kampf zwischen einem Gengar und einem Nidorino – ganz wie das Intro der Japan-exklusiven Game-Boy-Spiele *Pokémon Rot & Grün*. Dieser Kampf wurde eins zu eins nachanimiert und sogar die Game-Boy-typischen Soundeffekte sowie Musik wurden übernommen. Nach einem inszenierten Übergang zum Anime-Stil stellt sich der Kampf als ein Duell zweier Trainer in der Pokémon-Liga heraus, das Ash am Fernseher verfolgt. Die Silhouette des einen Trainers lässt vermuten, dass es sich bei ihm um den Top-Vier-Trainer Bruno handelt. Nachdem Nidorino besiegt wurde, setzt dieser mit Onix ein *Gesteins*- beziehungsweise *Boden*-Pokémon ein, was typisch für das Videospiel-Pendant ist. Weiterhin passt dazu, dass die Top Vier in den Spielen die Pokémon-Liga bilden.

Übrigens: In den technisch überarbeiteten Versionen der ersten Spielegeneration, die im Oktober 1999 auch in Europa veröffentlicht wurde, kommt das Intro genauso vor – zumindest in der *Roten Edition*. In *Pokémon Blau* bekämpft das *Geist*-Monster Gengar statt eines Nidorinos ein Pummeluff.

Pikablu

Ein blaues Pikachu? Noch bevor die Editionen *Gold & Silber* erschienen, tauchte eine blaue Maus regelmäßig in den Vorschauen zu den Spielen der zweiten Generation auf. Die Ähnlichkeit zum Pokémon-Maskottchen Pikachu bescherte ihm den Spitznamen Pikablu. Erst später wurde sein offizieller Name bekannt: Marill. Ironischerweise war es in den ersten Designs nicht einmal blau, sondern pink.

Wenig Saft

Macht ihr euch Sorgen um eure Speicherstände? Zu Zeiten von Game-Boy-Modulen mussten Spieler um den Verlust ihres Spielverlaufs fürchten. Die Speicherstände werden auf einer Knopfzellen-Batterie im Inneren des Moduls gespeichert. Geht diese einmal leer, so geht damit auch euer Fortschritt flöten. Dies dauert normalerweise einige Jahre. Die Editionen der zweiten Generation, *Pokémon Gold, Silber* und *Kristall*, machen jedoch schneller schlapp als andere Pokémon-Hauptspiele. Der Grund ist ganz einfach: Die zweite Generation hat das Feature der internen Uhr. Diese lässt sich im Spiel einstellen und ermöglicht Tag-Nacht-Wechsel oder Events an bestimmten Wochentagen. Dadurch ist die Batterie zur Zeiterfassung ständig in Betrieb, sodass sie sich auch schneller entleert.

Was Helden ausmacht

Welche Kriterien müssen wohl die Starter-Pokémon erfüllen – die Monster, mit denen die meisten Trainer ihre Abenteuer beginnen? Normalerweise besteht das Trio aus Vertretern der Typen *Pflanze*, *Feuer* und *Wasser*. Wichtig ist, dass sie Tieren ähneln, die jeder wiedererkennt. Außerdem sollen die Starter keinen bereits bestehenden Pokémon zu stark ähneln. Zum Schluss muss ihr jeweiliger Typ zu ihrer Tiervorlage passen und zu Beginn noch eher süß wirken, damit das Design durch die Entwicklungen an Stärke dazugewinnen kann. Apropos: Die Starter werden auch nach den Eigenschaften Coolness, Ernsthaftigkeit und Witz designt. Am Beispiel der Starter der fünften Generation ergibt sich daraus: Serpifeu ist cool, Ottaro ist ernst und Floink ist lustig.

Es gibt eben Wichtigeres

Job oder Relaxo? Vor diesem Dilemma standen zwei amerikanische Polizisten im April 2017. Sie wurden zu einem Überfall gerufen, doch statt ihrem Job nachzugehen, spielten sie lieber das Mobile-Game *Pokémon GO*. So konnten sie die seltenen Monster Relaxo und Togetic einfangen, nicht jedoch die Räuber. Ihre Vorgesetzten fanden dies jedoch ganz und gar nicht lustig und entbanden die beiden Polizisten daraufhin von ihrer Pflicht.

In den Hauptspielen der Pokémon-Reihe befindet sich im Zimmer des Spielers immer eine aktuelle Nintendo-Konsole.

Von einer Legende zum Mysterium

Lange Zeit kannten Pokémon-Fans keine mysteriösen Monster. Bis zur fünften Generation gab es keine Unterscheidung zwischen ihnen und den Legendären. Seither findet aber eine Trennung statt. Mysteriöse Pokémon zeichnen sich durch ihre besondere Seltenheit aus, sodass ihre Existenz von einigen in der Pokémon-Welt gar angezweifelt wird. In den frühen Spielen sind sie nicht auf regulärem Wege zu erhalten, sondern meist nur über Events. Beispiele sind Wesen wie Mew oder Shaymin.

Ein stressiger Job

In den Romanen, die Takeshi Shudo Ende der 1990er-Jahre begleitend zum Pokémon-Anime verfasst hat, stecken zum Thema Arenaleiter einige spannende Hintergrundinformationen. So soll der Job ein ziemlich undankbarer sein. Eine Arena zu unterhalten, sei kostspielig und bringe nur einen geringen Lohn ein. Wer außerdem als Leiter dreimal hintereinander besiegt wird, dessen Arena verliert die Lizenz der Pokémon-Liga. Kein Wunder also, dass Rocko und Misty lieber Ash auf seinen Reisen begleiten, als sich um ihre Arenen zu kümmern.

Pokémon-Hausen

Die Bürger der Hauptstadt des US-amerikanischen Bundesstaats Kansas bekamen den Pokémon-Hype im August 1998 auf besondere Weise zu spüren. Der Grund: Der Bürgermeister ihrer Stadt Topeka benannte diese für einen Tag in „ToPikachu" um. Mit dieser ungewöhnlichen Promo-Aktion sollten die Game-Boy-Spiele der ersten Generation sowie der Pokémon-Anime beworben werden. Diese erschienen in den USA einen Monat später, im September 1998. Etwa 20 Jahre danach durfte sich die Stadt erneut einen Tag lang „ToPikachu" nennen. Im Oktober 2018 wurden mit der wiederholten Aktion die Remakes der ersten Generation *Pokémon Let's Go Pikachu & Evoli* beworben.

Laufend Geld verdienen

Kaum aufzuhalten: Knapp sechs Jahre nach Veröffentlichung von *Pokémon GO* hat die Mobile-App über sechs Milliarden US-Dollar Umsatz erzeugt. Für die größten Gewinne sorgen die Spieler in den USA und Japan. Dahinter reihen sich deutsche Trainer ein, die für 5,2 Prozent des Umsatzes von *Pokémon GO* verantwortlich sind.

Make Rocket Great Again!

Der letzte Pokémon-Titel, der für den Game Boy Color erschien, ist der Japan-exklusive Nachfolger von *Pokémon Trading Card Game*. Teil zwei trägt den frei übersetzten Untertitel „Hier kommt Team GR!", der sich auf das Verbrechersyndikat Team Great Rocket bezieht. Die Organisation schafft es, die Club-Meister des Vorgängers zu entführen und die TCG Island einzunehmen. Dem Spiel lagen die exklusiven Promo-Karten Great Rocket Mewtu und Great Rocket Lugia bei.

Sinneswandel

Jessie und James haben nicht nur Ash und seine Freunde als Widersacher. Ihre wahren Erzfeinde sind nämlich Butch und Cassidy: Ein erfolgreiches Team-Rocket-Duo, das ihre Leistungen schon in der Team-Rocket-Akademie stets übertrumpft hat. Butchs und Cassidys Einsatz wurde immer von Giovanni anerkannt, dennoch kehrten sie der kriminellen Organisation den Rücken, um gemeinsam eine Bäckerei in einem kleinen Küstendorf zu eröffnen. Übrigens: Ihr Namensgeber war der amerikanische Gesetzlose Butch Cassidy.

kurz & knapp

Große Haie – Kleine Fische, Monsters vs. Aliens – der US-Amerikaner Rob Letterman war nicht nur als Regisseur für die Erfolgsfilme verantwortlich. Aus seiner Feder stammt auch das Drehbuch zu *Pokémon Meisterdetektiv Pikachu*.

Ganz nach dem Vorbild echter japanischer Spielhallen gibt es in den Pokémon-Spielen Einarmige Banditen mit höheren Gewinnwahrscheinlichkeiten und Automaten mit geringeren.

Auf einer Sammelkarte des *Gym-Heroes*-Sets, das nie in Deutschland erschienen ist, ist Major Bob mit seinem Raichu zu sehen. Sie sitzen vor einer strategischen Landkarte, die das von Deutschland während des Zweiten Weltkriegs besetzte Polen zeigt.

Das seltene Karpador

Nachdem die Foto-Safari *Pokémon Snap* 1999 für das N64 in Japan erschienen war, wurde im Ursprungsland der Taschenmonster auch ein Fotowettbewerb veranstaltet. Die zehn Gewinner erhielten 20 Sammelkarten mit ihren Siegerfotos als Motiv. Da aber jeder einzelne 20 Karten seines Motivs erhielt, kamen nicht viele der Siegerstücke in den Umlauf. Im März 2022 tauchte bei einer japanischen Auktion überraschend eine solche Karte mit Karpador-Motiv auf. Das besonders seltene Exemplar konnte einen Preis von umgerechnet etwa 136.000 US-Dollar erzielen. Wo sich die anderen 19 Karpador-Sammelkarten befinden, ist nicht bekannt.

Erfolglose Ganoven

So schnell wie das Licht! Im Pokémon-Anime versuchen Jessie und James ständig, Ashs Pikachu zu stehlen und versagen dabei immer wieder auf ulkige Weise. Namensgeber für das Duo ist der amerikanische Bandit des Wilden Westens, Jesse James. In der japanischen Version des Animes sind die glücklosen Ganoven hingegen nach dem Samurai Musashi und seinem Rivalen Kojiro benannt. Jessies Charakter beruht nach Aussage des leitenden Storywriters Takeshi Shudo unter anderem auf seiner Ex-Freundin.

Der Auftritt einer Legende

Bereits die allererste Folge des Pokémon-Animes hielt bei ihrer Erstausstrahlung eine zukunftsweisende Überraschung parat. So macht der Protagonist Ash am Ende der Episode ein unbekanntes, fliegendes Wesen am Himmel aus. Bei diesem handelt es sich um das legendäre Phönix-Pokémon Ho-Oh.

Das Besondere an diesem Auftritt ist, dass der *Feuer*-Vogel zu der zweiten Generation und somit nicht zu den ersten 151 Pokémon gehört und dennoch an einem solch frühen Punkt der Story erscheint. Die Folge feierte ihre Erstausstrahlung am 1. April 1997 in Japan und somit debütierte Ho-Oh zweieinhalb Jahre vor Erscheinen der Editionen *Gold & Silber*. Der legendäre Phönix ziert sogar das Titelbild des Game-Boy-Spiels *Pokémon Gold*. Außerdem ist es das erste legendäre Taschenmonster, das im Verlauf des Animes zu sehen ist – sofern man den Vorspann ausklammert – obwohl es nicht in den bis dato erschienenen Spielen der ersten Generation auftaucht.

Zwar wurde Ho-Oh bereits im August 1996 im Rahmen der Ankündigung zu *Pokémon Silber & Gold* im japanischen Magazin *CoroCoro Comic* enthüllt, doch sein Auftritt im Anime ließ Fans weltweit vor Vorfreude auf die Nachfolge-Spiele förmlich durchdrehen.

kurz & knapp

Pokémon-Designer Ken Sugimori hatte in seiner Kindheit einen Vogel mit nur einem Bein als Haustier, was ihn dazu inspirierte, die Eule Hoothoot zu kreieren. Sie hat zwar zwei Beine, doch steht normalerweise nicht auf beiden gleichzeitig.

Zunächst wirkt das *Geist-Feuer*-Pokémon Lichtel harmlos, unscheinbar und niedlich – doch der Schein trügt. Lichtel ist eine Kerze, deren Feuer nur aufleuchtet, wenn es die Lebensenergie von Menschen oder Monstern absorbiert.

Die *Tamagotchi*-ähnlichen Geräte *Pokémon Pikachu* und dessen Nachfolger gibt es nicht nur in der echten Welt: In dem Game-Boy-Color-Spiel *Wario Land 3* versteckt sich ein Schatz namens „Pocket Pet". Im Nintendo Gamecube-Titel *Animal Crossing* wird das Quest-Item „Pokémon Pikachu Color" sogar direkt beim Namen genannt.

Ein Affe und eine Kreatur

Ein Drittel der Pokémon Company gehört der Firma Creatures, die vor allem für die Merchandise-Geschäfte der Marke Pokémon verantwortlich ist. Dass Creatures noch gelegentlich als Videospielentwickler für beispielsweise die *Pokémon-Ranger*-Ableger auftritt, kommt nicht von ungefähr. Von 1989 bis 1995 war die Firma unter dem Namen Ape bekannt und erlangte Berühmtheit durch die Entwicklung der ikonischen Spielereihe *Mother*, außerhalb Japans bekannt als *Earthbound*.

Hi, wie heißt du?

Der Name eines Pokémon unterscheidet sich von Sprache zu Sprache, schließlich soll das Monster ja auch eine möglichst natürlich klingende und passende Bezeichnung haben. Dafür unterbreiten Übersetzer einem Gremium von Verantwortlichen der Pokémon Company eine Reihe von Namensvorschlägen und begründen diese. Ein Name darf also nicht willkürlich sein, vielmehr muss er einen Bezug zum Pokémon haben. Schiggy beispielsweise klingt bereits wie eine Schildkröte. Während frühe Entwicklungsstufen noch niedlich klingen sollen, wird bei späteren Entwicklungen auf Coolness und Stärke geachtet. Und ganz wichtig: Der Name eines Pokémon darf in einer anderen Sprache keine negative Bedeutung aufweisen.

Keinarmiger Bandit

Sind die Automaten kaputt? Das dürften sich europäische Spieler von *Pokémon Platin* gedacht haben, als sie die Spielhalle in Schleiede das erste Mal betreten haben. Aufgrund von strengeren Glücksspielregularien und damit erhöhten Alterseinstufungen der europäischen PEGI beschloss Nintendo, die Einarmigen Banditen in der *Platin Edition* durch einfache Münzausgaben zu ersetzen. Für die 3DS-Veröffentlichungen von *Pokémon Rot*, *Blau* und *Gelb* machte man sich nicht diese Mühe und behielt die Slot-Maschinen bei. Das Ergebnis: Die Spiele wurden mit dem „Ab 12 Jahren"-PEGI-Label versehen.

Etwas andere Arbeitszeiten

Von wegen Nine to Five – mit den üblichen Arbeitszeiten kann Pokémon-Erfinder Satoshi Tajiri wenig anfangen. Stattdessen arbeitet er lieber 24 Stunden am Stück. Bei einem anschließenden zwölfstündigen Schlaf kommt er wieder zu Kräften, um danach erneut einen ganzen Tag lang zu arbeiten. Bei diesem ungewöhnlichen Rhythmus kommen ihm laut eigener Aussagen die besten Ideen für seine Spiele.

Nicht süß genug

Warum so böse? Zu Entwicklungsbeginn von *Pokémon Rot & Grün* war Chefdesigner Ken Sugimori für die meisten Monster-Entwürfe verantwortlich. Doch seine Kreationen sahen meist bösartig oder taff aus. Für eine engere emotionale Bindung mit dem Spieler sollten jedoch auch niedliche Pokémon her. Mit Piepi gelang Sugimori nur eine einzige niedliche Kreation. Daraufhin bemühte sich Game Freak darum, eine weibliche Designerin einzustellen und wurde mit Atsuko Nishida fündig. Sie war die erste weibliche Mitarbeiterin bei Game Freak und ließ das Design-Team auf die Größe von vier Personen wachsen.

Ihre Einstellung zahlte sich vollends aus, denn Nishida designte später nicht nur das ikonische Pokémon-Maskottchen Pikachu. Auch beliebte, niedliche Monster wie die Starter Bisasam, Glumanda und Schiggy stammen aus ihrer Feder. Doch Nishida kann nicht nur niedlich: Taff-wirkende Fan-Lieblinge wie Glurak oder Zoroark wurden ebenso von Game Freaks erster weiblichen Mitarbeiterin entworfen. Ob ein Pokémon letztlich niedlich genug ist, entscheidet das Relaxo-Vorbild Koji Nishino. Der Spieldesigner wurde innerhalb Game Freaks zum „Cuteness Supervisor" (deutsch: „Niedlichkeitsleiter") ernannt. So werden Pokémon-Entwürfe auf seine Anweisung hin niedlicher gestaltet oder als süß genug abgesegnet.

Einmal die 25, bitte!

Taschenmonster aus dem Verkaufsautomaten – sowas gibt's! In Japan heißen diese „Pokémon Stand" und beinhalten hauptsächlich Plüschtiere aus den offiziellen Pokémon Stores. Eine Handvoll Geräte befinden sich auch in verschiedenen Einkaufszentren in Seattle in den USA – unweit des Hauptquartiers von The Pokémon Company International. Weitere Automaten, aus denen man jedoch nur Sammelkarten ziehen kann, befinden sich in den USA und Südkorea.

Ein Blick zurück

Schau mal hinter dir: Die Pokémon-Designs in einigen frühen Sammelkarten wollen in manchen Fällen nicht ganz zum Design ihrer Hintergründe passen. Das ist kein Zufall, denn während die Taschenmonster auf ikonischen Zeichnungen basieren, handelt es sich bei einigen Hintergründen um bearbeitete Fotos. So steht beispielsweise ein Ponita auf einer echten Wiese oder ein Schillok an einem realen Strand. Die Fotos für den Hintergrund wurden dabei nicht extra erstellt. Sie sind teilweise auch heute noch auf japanischen Internetseiten für Stockbilder, also vorproduzierte Bilder, für jedermann erwerbbar.

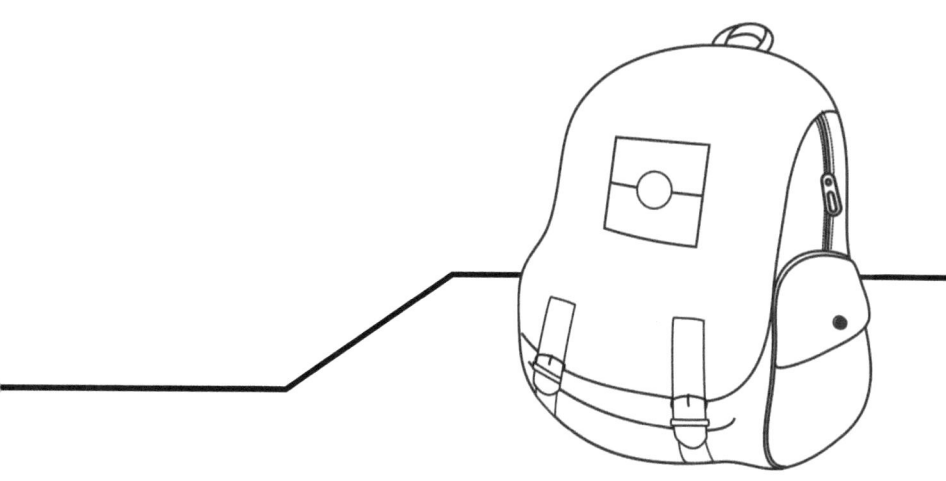

Am 27. Februar feiern Trainer alljährlich den Pokémon Day, denn an diesem Tag erschienen 1996 in Japan die ersten Pokémon-Editionen.

Partner-Pikachu in der Röhre

Besitzer von *Pokémon Gelb* können in *Pokémon Stadium* für das N64 ihren gelben Liebling in ganz besonderer Action bewundern. Verbindet man das Game-Boy-Modul über das N64 Transfer Pak mit *Pokémon Stadium*, so kann Pikachu das Kampfstadion betreten. Im Gegensatz zu einem Pikachu, das nicht über die gelbe Edition ins Spiel geladen wird, ruft die persönliche Elektromaus mit seiner aus dem Anime bekannten Stimme seinen Namen. Und auch seine Animationen unterscheiden es von anderen Vertretern seiner Spezies.

Nicht gerade kinderfreundlich

Einige Taschenmonster machen gute Miene zum bösen Spiel. Das *Geist*-Ballon-Pokémon Driftlon ist beispielsweise eines davon. Auf den ersten Blick sieht es niedlich und unschuldig aus, doch der Pokédex verrät seine wahre Natur. So sind Driftlon dafür bekannt, Kinder verschwinden zu lassen. Es greift nach den Händen der Kinder und soll diese anschließend ins Jenseits entführen. Driftlons ballonartiger Körper besteht aus verirrten Seelen und wenn er platzt, entweichen die Seelen in ihm mit einem Schrei.

Gegenteiltag

Ob ein gelbes Pikachu, ein feuerrotes Glurak oder ein smaragdfarbenes Rayquaza – die Farben der Monster auf den Covern der Pokémon-Editionen sind immer passend zum Titel abgestimmt. Wirklich immer? Eine Ausnahme bilden die Editionen *Schwarz & Weiß* für den Nintendo DS. Hier ist das Gegenteil der Fall, denn das Cover der *Schwarzen Edition* wird vom weißen Drachen Reshiram geschmückt. Dafür steht der schwarze Drache Zekrom Modell für das Titelbild der *Weißen Edition*.

Ja, was denn nun?

Mauzi hasst Wasser, oder? Das könnte man annehmen, schließlich ist er ein Katzen-Pokémon. Und tatsächlich wird seine Scheu vor Wasser regelmäßig im Anime aufgegriffen. Doch mindestens genauso häufig springt Mauzi in ebendieses Wasser hinein: Wenn er sich in einer Folge in einer heißen Quelle erholt oder in einer anderen Episode mit Piraten schwimmen geht.

Zerplatzte Träume

Der ehemalige Chef-Story-Autor des Animes Takeshi Shudo hat begleitend zum Trickfilm einen Roman verfasst, der teilweise auf die Hintergründe einiger Figuren eingeht. Demnach führt Ashs Mutter Delia das einzige Restaurant in Alabastia. Eigentlich wollte sie immer Model werden, doch sie gab diesen Traum auf, um Ash großzuziehen und das Familienrestaurant weiterzuführen.

Aus alt mach neu

Das Design der Schildkröte Galapaflos könnte dem ein oder anderen alteingesessenen Pokémon-Fan bekannt vorkommen. Im April 1997 tauchte in einer Ausgabe des Magazins „MicroGroup Game Review" eine Zeichnung eines Schildkröten-Monsters auf, das es nicht in zweite Generation schaffte, die sich damals in der Entwicklung befand. Erst mit der fünften Generation wurde das Design offenbar wieder mit Galapaflos aufgegriffen.

kurz & knapp

Im Anime leistet das *Gestein*-Pokémon Larvitar Ash und seinen Freunden über einen gewissen Zeitraum Gesellschaft. Dabei trägt der Protagonist das misstrauische Dino-Monster regelmäßig auf dem Arm – eine reife Leistung, denn laut Pokédex wiegen Larvitar um die 72 Kilogramm.

Die Ente Porenta wäre beinahe ausgestorben. Der Grund dafür ist einfach: Ihr Fleisch in Kombination mit der Lauchzwiebel, die sie immer mit sich herumtragen, gilt als besonderer Leckerbissen.

Jessies Mutter Miyamoto ist eine Team-Rocket-Legende und hat einen einfachen Leitsatz: Eins – Profit, zwei – sparsam sein, kein drei oder vier, fünf – Pokémon! Dies macht sie zum idealen Rocket Rüpel.

Eine bunte Mischung

Mit 18 unterschiedlichen Formen ist der Schmetterling Vivillon ein wahrer Meister der Vielfalt. Je nachdem, an welchem Ort der realen Welt ein Spielstand erstellt wird, taucht Vivillon in einer anderen Form auf. Deutschen Spielern erscheint das Kontinentalmuster, wohingegen der Schmetterling in den meisten Gebieten Japans das Prunkmuster aufweist.

Nur mit dir

Eine der ungewöhnlichsten Entwicklungsmethoden haben wohl die beiden Pokémon der fünften Generation Laukaps und Schnuthelm: Diese entwickeln sich nur, wenn sie gegeneinander getauscht werden. Dies ist ein einzigartiger Fall, denn keine anderen Taschenmonster müssen zur Entwicklung gegen ein bestimmtes Pokémon getauscht werden.

Nicht gerne gesehen

In China hat der Pokémon-Anime nicht nur Fans, sondern auch einen hochrangigen Feind – ganz zum Leidwesen der Pokémon-Anhänger. Seit September 2006 schränkt die chinesische Regierung die TV-Ausstrahlung zwischen 17 und 20 Uhr ein. Diese Beschränkung wurde 2008 auch noch um eine Stunde erweitert. Dadurch sollen chinesische Animationsstudios gefördert werden, indem die Ausstrahlung ausländischer Produktionen während dieser Zeit verboten ist. Somit ist also nicht nur die japanische Produktion Pokémon betroffen.

So schaut's untenrum aus

Ein Mysterium der Pokémon-Welt: Haben die Maulwurf-Monster Digda Unterkörper? Zumindest wird immer nur ihr aus dem Boden ragender Kopf dargestellt. Doch es gibt Anzeichen für einen möglichen Unterkörper. So können Digda in den Spielen die Attacken Kratzer und Schlitzer lernen, was eine Form von Klauen voraussetzen würde. Außerdem erwähnt ein Digda in den Spielen *Pokémon Mystery Dungeon Team Rot & Blau* und deren Neuauflage, dass es Beine habe. Seine Begleiter-Pokémon reagieren daraufhin sichtbar überrascht. Es bleibt also zunächst weiterhin ein Mysterium.

kurz & knapp

Wurden die ersten 260 Episoden des Animes noch auf herkömmliche Cel-Weise animiert – durch das Bemalen und Abfilmen von durchsichtiger Folie –, wird seit Folge 261 das mittlerweile gängige digitale Verfahren verwendet.

Die Galar-Form von Pantimos kann sich zu Pantifrost weiterentwickeln, normale Pantimos können das jedoch nicht. Unabhängig von ihrer Herkunft entwickeln sich alle Pantimimi in der Galar-Region zu Galar-Pantimos weiter.

Der Ninja-Frosch Quajutsu wurde als Kämpfer für *Super Smash Bros. for Nintendo 3DS/Wii U* angekündigt, noch bevor mit *Pokémon X & Y* die sechste Spielgeneration, in der Quajutsu erstmals im Pokémon-Universum auftauchte, erschien.

Das Monster, das es nie gab

Ursprünglich sollte das Pokémon-Maskottchen Pikachu noch eine weitere Entwicklung nach Raichu haben, die sogar einen Namen erhielt: Gorochu. Zwar gibt es keine offiziellen Zeichnungen, doch in einem Interview beschrieb die Pikachu-Schöpferin Atsuko Nishida Gorochu als „Gott des Donners mit Klauen und Hörnern". Um die Spiele ausgeglichener zu gestalten, wurde es gestrichen – und Pikachu erhielt in der zweiten Generation mit Pichu eine Vorstufe.

Steinalt

In der Kanto-Region gibt es Ruinen antiker Zivilisationen. In der Nähe von Marmoria City lag einst die Stadt Pokélantis. Nachdem ihr König mit Hilfe von Ho-Ohs Kräften die Weltherrschaft erlangen wollte, zerstörte der legendäre Vogel die Stadt. Nahe Alabastia lag einst Pokémopolis. In dessen Ruinen entdeckten Ash und seine Freunde antike Artefakte, die die gigantischen Monster Gengar und Simsala befreiten. Ungewöhnlich ist nicht nur deren Größe, auch ihre Tattoo-artigen Verzierungen sind auffällig. Anime-Fans sollten in den Spielen jedoch keine Referenzen zu diese antiken Städten erwarten. Denn auch wenn die alternativen, gigantischen Monster-Formen gut bei den Zuschauern ankamen, wurden sie leider nie in den Spielen aufgegriffen.

Hieb- und trittfest

Wenn die *Kampf*-Pokémon Nockchan und Kicklee die Arena betreten, fliegen Faustschläge und Fußtritte. Für diese Moves sind die Box- und Kickbox-Monster bekannt. Wer ihre Namen aufmerksam liest, dem sollte etwas Bekanntes auffallen. Nockchan setzt sich aus dem englischen Tätigkeitswort „to knock" – „schlagen" und dem Nachnamen des Schauspielers und Kampfkünstlers Jackie Chan zusammen. Kicklee hat seine Bezeichnung dem englischen Verb „to kick" – „treten" und dem Kampfkünstler und Schauspieler Bruce Lee zu verdanken.

Das einzige seiner Art

Diese besondere Ehre wurde bislang nur einer Person zuteil: Takeshi Shudo ist die einzige Person, die nicht beim Pokémon-Entwickler Game Freak angestellt war und dennoch ein Taschenmonster kreierte. Er war bis 2002 als leitender Storywriter für den Pokémon-Anime zuständig. Bei der Produktion des zweiten Anime-Films erfand er das legendäre Wesen Lugia, um das sich die Geschichte des Films dreht. Zu Shudos Überraschung kam Lugia wohl so gut bei Game Freak an, dass es prompt das Cover von *Pokémon Silber* zierte und daraufhin immer wieder in den Videospielen auftauchte. Somit ist Lugia das einzige Pokémon, das nicht beim Entwickler Game Freak entworfen wurde.

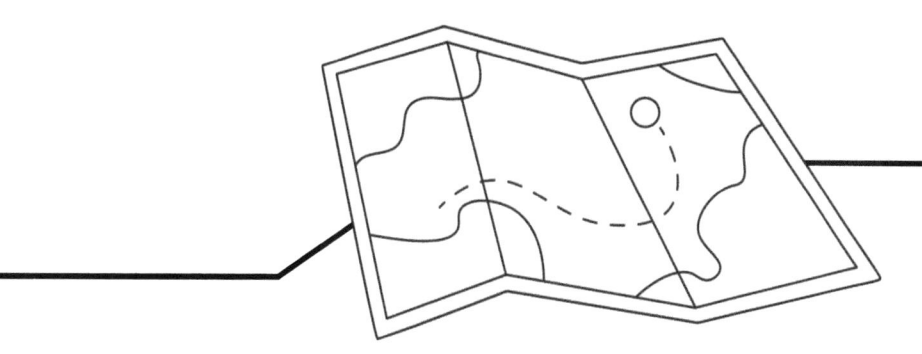

Obwohl sich legendäre Pokémon eigentlich nicht fortpflanzen können, ist im N64-Fotoschießspiel Pokémon Snap zu sehen, wie die drei Vögel Arktos, Zapdos und Lavados aus Eiern schlüpfen.

Unnützes Wissen für Potter-Fans

ISBN: 978-3-98561-014-3

Schon gewusst:

Ein Hauptcharakter sollte frühzeitig sterben?
Einer der Professoren hätte auch Quidditch-Profi werden können?
Der Brief kommt gar nicht zum 11. Geburtstag?

Magische Fakten & gut gehütete Geheimnisse:

Dieses Wissen rund um den berühmtesten Zauberer der Welt bringt selbst den größten Potter-Fan zum Staunen.

Erfahre in zahlreichen Fakten allerlei Skurriles aus der Welt der Zauberei.

„Unnützes Wissen für Potter-Fans" ist im Handel erhältlich.